U0928096

中国古代史籍举要

张舜徽 著

人民东方出版传媒
東方出版社

图书在版编目（CIP）数据

中国古代史籍举要 / 张舜徽 著 . — 北京：东方出版社，2019.9
ISBN 978-7-5207-0750-3

Ⅰ. ①中… Ⅱ. ①张… Ⅲ. ①中国历史—史籍—古代 Ⅳ. ① K204

中国版本图书馆 CIP 数据核字（2019）第 111223 号

中国古代史籍举要
（ZHONGGUO GUDAI SHIJI JUYAO）

作　　者：张舜徽
策　　划：陈　卓　张永俊
责任编辑：张永俊
责任审校：金学勇
出　　版：东方出版社
发　　行：人民东方出版传媒有限公司
地　　址：北京市朝阳区西坝河北里 51 号
邮　　编：100028
印　　刷：北京楠萍印刷有限公司
版　　次：2019 年 9 月第 1 版
印　　次：2019 年 9 月第 1 次印刷
开　　本：787 毫米 ×1092 毫米　1/32
印　　张：8.75
字　　数：160 千字
书　　号：ISBN 978-7-5207-0750-3
定　　价：48.00 元
发行电话：（010）85924663　85924644　85924641

总 序

东方出版社准备再版张舜徽先生撰著的两本书《中国古代史籍举要》《中国文献学》及其主编的一本书《中国史学名著题解》，并希望前面冠一“总序”。责编张永俊先生受舜徽先生家属的委托，加上戴建业教授的推荐，力邀我给这三本书写一个“总序”。我开始是婉拒，因为舜徽先生对于写序有严格的戒律，他终身守顾炎武之言：“人之患，在好为人序。”不敢轻易为人序书。我平生一般也只为自己弟子的书写序，岂敢为老师的书写序。但是，后来想一想，先生的书再版，实在是嘉惠士林的盛事，作为先生培养的第一届博士，向读者介绍先生著述再版的意义，又是义不容辞、责无旁贷的。

从初版时间来看，三本书中《中国古代史籍举要》是最早出版的。1955 年湖北人民出版社初版的竖排繁体本的书名叫《中国历史要籍介绍》，1980 年湖北人民出版社又出版了此书横排简体的修订本，书名改作《中国古代史籍举要》，本次再版就以此本为底本。此书初版距今已有六十四年了。作为一本现代学者撰写的简明大学教材，问世六十四年仍有再版的需要，充分说明其宗旨“替学习中国历史的专业工作者和业余爱好者，介绍了一些重要史籍和学习方法”，具有长久的学术价值。该书一共十四章，张先生在前言中说“第三章和第十一章，是全书的重点”。第三章是讲百科全书式的通史，强调通史所肩负的艰巨的历史任务，其意义超过断代史。其中重点介绍了编纂通史的开创者司马迁及其《史记》以及编纂通史的继承者郑樵及其《通志》。先生从综合改造旧资料、详近略远的叙事原则、注意全社会各阶层的取材、不避权贵的良史态度等四个方面肯定了《史记》的范式意义。“后世许多历史书籍，很少能出其范围，大半是模仿它，不过有些是‘具体而微’，有些是‘得其一体’而已。”第十一章是讲史评书籍的两部代表作品：唐刘知几的《史通》和清章学诚的《文史通义》。先生认为，“刘知几、章学诚对各种旧史得失利弊的看法，这差不多成了古代史籍的小结”（《前言》）。古代史评著作除《史通》和《文史通义》外，先生还特别重视郑樵的《通志总序》，后来出版的著作《史学三书平议》，就是对这三部史评著作的深入评述，有兴趣的读者可以对比来读。

我也想向有心的读者提两个“思考题”：《中国古代史籍举要》反映出什么样的史学观念？这个“史学要籍路线图”对我们阅读中国史书有什么启示？

《中国文献学》的初版是中州书画社 1982 年出版的竖排繁体本，本次再版即以此本为底本。这本书因其在建立中国文献学学科意义上具有开创之功，故大受欢迎，各种再版不断，据我所知，仅上海古籍出版社就出版过三种版本，即蓬莱阁丛书本（2005）、世纪文库本（2009）、百年经典学术丛刊本（2011），其中 2005 年与 2011 年的两种版本为姚伟钧教授的导读本。华中师范大学出版社 2004 年开始陆续出版的《张舜徽集》，把它列为第一辑第一种，可见此书在舜徽先生著述中的重要性及深远影响。据林庆彰先生撰文介绍，舜徽先生此书在台湾也广受欢迎，有翻印本。林先生说："这是一本体系庞大、内容充实的文献学著作。在台湾的文史科系学生，大概都看过这本书。"（《张舜徽先生著作在台湾的翻印和流传》，见董恩林主编《纪念张舜徽百年诞辰国际学术研讨会暨中国历史文献研究会第 32 届年会论文集》，湖北人民出版社 2012 年版，第 19 页）。《中国文献学》一共有十二编六十章，系统地阐明了文献学的范围、任务、古代文献的流传、类别等，除了对文献学的基础知识——版本学、校勘学、目录学等有专门的论述外，还对前人整理文献的丰硕成果和成就有全面的总结和梳理，并对今后整理文献的主要目的、重要工作、重大任务提出自己的看法和建议。特别值得说明的是，先生在书的最后提出编述新体例《中华人民通史》的宏伟设想，后来已经实现，那就是 1988 年至 1989 年湖北人民出版社出版的三卷本《中华人民通史》。从《中国文献学》一书，可以看出先生在学术研究规划上的“深谋远虑”。

张先生是一位既能做专深的“绝学”，又乐于做学术普及工作的大师。他撰写过专业性极强的学术著作，如《郑学丛著》；又主编过带有普及性质的学术著作，如《中国史学名著题解》《资治通鉴全译》等。《中国史学名著题解》一书可以说是《中国古代史籍举要》的延伸与拓展，全书按古史类、编年类等二十个类别来对中国古今史学名著提要钩玄，非常实用，可以置之案头作为工具书来用。因最初是中国青年出版社约稿，先生主编此书考虑的对象侧重青年读者，在史籍的分类上注重“辨章学术，考镜源流”的视域，如把郑樵的《通志》列入纪传类的通史，体现出先生独到的学术眼光。需要一提的是参与此书编写的六位学者，有的已经作古，如王瑞明先生；有的已是耄耋之年的老翁，如熊铁基、崔曙庭先生；当年最年轻的顾志华教授，也已是七十老者了。人事有代谢，学问贵长青。三十多年前（1984 年），他们年富力强，跟随舜徽先生治学，留下这部言简义丰的史学名著题解。东方出版社的再版，在一定程度上能印证先生所说的它能满足“广大有志研究中国文史的青年们所迫切需要”。（《前言》）

张舜徽先生经常讲“吾离后人近，而离今人远”。这句话透露出先生对自己的著述传世充满自信，抑或有“一种深刻的寂寞”（同门师弟傅道彬教授语）。先生是 1992 年仙逝的，距今近三十年。我们之于先生当属“今人”关系。我从先生的著述不断再版、重印的客观事实中萌生一个想法，先生经常讲的这句话也许可以修改为：“吾离后人近，离今人亦不远。”

是为序。

张三夕

2019 年 5 月 22 日于武昌大华寓所

目录

前言

我往年写过一本《中国历史要籍介绍》，替学习中国历史的专业工作者和业余爱好者，介绍了一些重要史籍和学习方法。时间过得真快，从1955年出版以后，转瞬又已二十多年了。这本书早已不易觅得。许多朋友和读者来信，敦促我修订重印，以便更好地为社会服务。于是删繁补阙，又新加一些章节，改名为《中国古代史籍举要》，成为这个本子，重新出版。

我国历史书籍起源虽早，但正式成为史学，还是从《史记》开始的。因为《史记》具备了史书内容的各种体例，替后人准备了许多条件。后世许多历史书籍，很少能出其范围，大半是模仿它，不过有些是“具体而微”，有些是“得其一体”而已。所以我在写第三章时，特别就《史记》一书总的精神方面和处理问题、组织材料方面，举出其各种特点，促使读者注意，以便了解其他史籍时，有线索可寻。然后归纳到第十一章，说明刘知几、章学诚对各种旧史得失利弊的看法，这差不多成了古代史籍的小结。所以第三章和第十一章，是全书的重点。此外又补写了有关实录、学术史、史辨、史论、史考等方面重要书籍的简介共五章，于是中国古代史籍的重要部分，也约略地举列在这里了。

学习历史，必须以马克思列宁主义的理论为指导。例如恩格斯所著《自然辩证法》里《劳动在从猿到人转变过程中的作用》一章和《家庭、私有制和国家的起源》一书，便是研究远古历史的重要依据。列宁的《国家与革命》，斯大林的《辩证唯物主义与历史唯物主义》，毛泽东的《实践论》和《矛盾论》，也都是使我们能够掌握正确的立场、观点、方法来分析问题、说明问题的经典著作。这无论是学习中国史还是世界史，都是必须阅读的。学者熟习其书懂得一些基本理论以后，才有条件谈得上整理中国旧史。在今天，有志学习中国古代史的人们，对于这一类的著作，都知道重视它，研究它，用不着多加称举。所以这本书里，对一般有普遍指导意义的理论书籍，也就没有提及。至于其他未尽之处，希望读者不吝指正！

1979年4月30日张舜徽

第一章　历史书籍的范围

历史书籍是反映过去自然变化和社会变化的总记录，也就是总结人类知识的书籍。因为人类知识的源泉，不外取之于自然现象和社会现象；而历史便是自然界和人类社会生活中一切现象发展、变化所留下的痕迹。马克思和恩格斯早就说过："我们仅仅知道一门唯一的科学，即历史科学。历史可以从两方面来考察，可以把它划分为自然史和人类史。但这两方面是密切相关的；只要有人存在，自然史和人类史就彼此相互制约。"（《马克思恩格斯全集》第三卷）。在十九世纪中叶，马克思和恩格斯便已将"历史"这一名词，应用到自然变化和社会变化的一切毫无例外的现象上去了。这是多么辽阔而广大的范围！如果再进一步分析一下，有文字可考的人类史，便是阶级斗争的历史；自然史，便是生产斗争的历史；这两大类知识，便构成了人类知识的全部。所以我们今天肯定历史书籍是总结人类知识的书籍，这是不为夸大的。

按照我国古代学者对“史”字所下定义，其范围原来也是极其广泛的。远在一千八百多年前，汉代学者许慎在《说文解字》第三篇说过：“史，记事者也。”这个“记事者也”四字的解释和米部“粉”字下所云“傅面者也”，词例正同。古代训诂家的通例，用“者”字来指物的极多；人们多拘执于后世语法，认为“者”字专指人言，那就错了。记事之物，便是文字；所以“史”字的本义，又是古代文字的通称。由这一义引申起来，记事之人，固可称之为史；记事之册，也可称之为史：这都是后起之义。

“史”字的本义，是指文字。汉代学者对这点认识还是很明确的。他们称古代字书，概谓之“史”。《汉书·扬雄传赞》有云：“史篇莫善于《仓颉》，作《训纂》。”《仓颉篇》，是古代歌括体的字书，而班固称之为史篇。这便是采用“史”字本义的最好例证。此外如《汉书·平帝纪》：“征天下通知小学史篇者。”《王莽传》：“征天下史篇文字。”扬雄《法言》：“或欲学仓颉史篇。”可知史篇为字书通称，已为汉人所公认。那么，“史”字代表“文字”，更加明确了。由于汉代学者都知道“史”字的本义是指“文字”，许慎也自然不能例外。《说文解字》替“史”字所下定义：“记事者也”，正指出了文字的功用，这本是很具体的唯物的说法。后人不得其解，硬要把“记事者也”解作“记事的人”，又在“记事者也”四字下加七个字：“从又持中；中，正也。”便把它变成抽象的唯心的说法了。自然有人进一步把它说成有关史官的德操问题，无疑是后起的曲解。

“史”字的本义，既是“文字”，那么，用文字记录下来的材料，都可称为史料。这个道理，清代史学家章学诚在《报孙渊如书》中早已指出：“盈天地间，凡涉著作之林，皆是史学。”龚自珍《古史钩沉论》也说：“史之外，无有文字焉。”近人梁启超在《中国历史研究法》中也说：“凡以文字形诸记录者，盖无一而不可于此中得史料。”都是比较通达的见解。不过他们把史料看成史学，那就错了。如果拿很广泛的尺度去衡量古代历史学者的写作，像公元前一世纪大史学家司马迁所作《史记》，它的任务，虽在于“网罗天下放失旧闻”，但它的内容，却包括了广泛的自然现象和社会现象。八书中的《天官》《河渠》，叙述了自然现象；其他纪传，记录了社会变化。两千年前，我们祖先在编述历史书籍方面，便已具备了这样庞大的规格！我们必须继续发挥这种精神，把研究历史的范围推广。

史的范围既很广泛，不独一切书籍、报章、档案、信札、艺术品，以及金石刻辞等，是宝贵的文献；即如老药铺里的药物价格表、流水账簿，大地主家里的田亩契约、收租和高利贷的簿据，可从其中考察若干年前的物价和一般生活水平，以及农民受压迫剥削的实际情况，也都是我们今天研究历史问题的重要对象和可靠依据，值得人们重视。有人以为史的范围，推得这样宽博，凡用文字记载的材料，都是史料。那么，我国旧的所谓“经史子集”四部，便合而为一了。这个问题，是容易理解的。本来所谓经部、史部、子部、集部的分类，是在图书日益繁多的时候，为编目方便起见，把它们以类相从，排列起来，易于寻检。当汉代学者刘歆编订中国第一部图书总目录——《七略》的时候，把图书分为六艺、诸子、诗赋、兵书、数术、方技六类。六艺，便是后世的经部；诗赋，便是后世的集部；其余四类，后世合为子部，那时根本没有统括历史书籍的部类。这是由于当时记载历代史迹的书籍，从《世本》以至《汉大年纪》，仅有八家四百十一篇，不能独成一类，所以推本这种书籍的所自出，附列在六艺的春秋家。到西晋初年，荀勖编《中经新簿》的时候，由于史籍太多了，分其所当分，而合其所当合，便以“甲乙丙丁”四部统括天下群书。不过，当时甲乙丙丁四部的次序，是经、子、史、集，后来东晋李充将子部移后，史部提前，使“甲乙丙丁”成为“经史子集”的顺序。从此四部分类法，自唐以后，便一直沿用不改，这都是由于编订图书目录的人们，斟酌书籍多少，从而进退分合，来标立名目的。就书籍的发展情况来说，分类唯恐其不细密，但从书籍的本身来说，都无非是用文字记载宇宙事物和社会变化的一切现象而已，用不着此疆彼界，来加以区别的。

我们且不必再弹“五经皆史”“六经皆史”的旧调，但从古人实际编述事业中去检查他们所包含的内容是一些什么材料，可以具体考见“史”的范围，究竟有多么大。人们都知道在两千年前，大史学家司马迁，便已替史学界创立了庞大的规格。他所写的一百三十篇《史记》，简直上而天文，下而地理，以及人类活动，社会变化，无所不包，成为一部百科全书式的通史，充分发挥了“史”的伟大作用。就《史记》的取材方面说：像《五帝本纪》《夏本纪》《殷本纪》《周本纪》，以及《列国世家》《孔子世家》等篇，便把几部重要经典，全都采入了；又如《管晏列传》《老庄申韩列传》《孙吴列传》《孟荀列传》等篇，便将先秦诸子学说的精华，介绍给后人了；又如《屈原贾谊列传》《司马相如列传》等篇，登载了他们的重要写作，这便是后世文集的起源。由此可见，后世所谓“经史子集”四部之书，都成了司马迁组织材料的一部分。至于他所参考到的故书雅记，以及耳闻目睹的实际情况，而被收入著述内的，更不可胜数。那么，两千年以前的大史学家眼目中所认定的研究对象，何尝是专指几部用年月记事的账簿式的书籍呢！

况且“经”的名称，起源很晚。清代学者章学诚认为：“因传而有经名，犹因子而立父号。”大概汉初传注之学盛兴以后，学者推尊原书，因名之为经而已。在中国历史上从事于实事求是之学，而能用科学方法去整理群经的，以清代为最盛，专门名家，以数百计，专门著述，乃至汗牛充栋。如果以史家的眼光去估计他们的成绩，也不过是替我们整理了一部分古史材料而已。近人柳诒徵《中国文化史》谈到中世文化的考证学派时便说过：“世尊乾嘉诸儒者，以其以汉儒之家法治经学也。然吾谓乾嘉诸儒所独到者，实非经学而为考史之学，不独赵翼《廿二史札记》、王鸣盛《十七史商榷》或章学诚《文史通义》之类，为有益于史学也。诸儒治经，实皆考史，或辑一代之学说（如惠栋《易汉学》之类），或明一师之家法（如张惠言《周易虞氏义》之类），于经义亦未有大发明，特区分畛域，可以使学者知此时代此经师之学若此耳。其于三礼，尤属古史之制度。诸儒反复研究，或著通例（如江永《仪礼释例》、凌廷堪《礼经释例》之类），或著专例（如任大椿《弁服释例》之类），或为总图（如张惠言《仪礼图》之类），或为专图（如戴震《考工记图》、阮元《车制图考》之类），或专释一事（如沈彤《周官禄田考》、王鸣盛《周礼军赋说》、胡匡衷《仪礼释官》之类），或博考诸制（如金鹗《求古录礼说》、程瑶田《通艺录》之类），皆可谓研究古史之专书。即今文学家标举公羊义例（如刘逢禄《公羊何氏释例》、凌曙《公羊礼说》之类），亦不过说明孔子之史法与公羊家所讲明孔子之史法耳。其他之治古音、治六书、治舆地、治金石，皆为古史学，尤不待言。唯限于三代语言文字制度名物，尚未能举历代之典籍，一如其法以治之，是则尚有待于后来者耳。”这段议论，是比较切合实际的。全部经学书籍，我们既要把它都归纳为史料考证的一部分，那么诸子百家之书，更不用说，是研究思想学说的重要资粮；至于文集笔记，更保存了丰富的史料。所以今天而言研究中国历史，非扩大研究范围，是不足以说明问题和解决问题的。

但是我们祖先，处在长期封建社会里，绝大部分的历史书籍，是围绕着封建政权来编写的；而忽略了广大劳动人民的历史。另一方面，是以汉族为中心来编写的；而忽略了其他各族的历史。所以今天想要从一大堆故纸旧书中，找寻有关穷苦大众生活、活动的史实，以及记载回、藏、苗、瑶、彝、黎各族的详细材料，是极其困难的事。然而我们今天整理旧的史料，应该推广范围、转移方向到这方面来，用心研究过去学者们所不注意的事物。

至于史籍而称为“历史”，是晚近数十年来新起的一个名词；也有它的含义。近来有人在谈到这个问题时，便追溯到很远，认为“司马迁曾经发过一句牢骚，说‘文史星历，近乎卜祝之间’，即此可知当时的史官必须懂得星历。大约现在‘历史’这个名词就从这上面来的。”这种推测，未免太牵强。我认为有些新鲜事物，多系古之所无，而今之所有，正不必附会于古人的说法，来相比附。当清末罢科举、兴学校的开始时期，江楚书局最先出版了一部《历代史略》，从唐虞三代编起，至明末止，共为六卷，而每卷各分篇章，用流畅的文辞，较有条理、有系统地把历代事迹叙述出来。由纲鉴的旧形式，一变而成为教科书的新形式，这大约是我国最早的一部历史教科书，可惜此书没有标明编者姓名和刊印年月，我们无从考见其详细情形了。清末以来，编历史教科书的，大抵以此书为蓝本，由于人事日繁，在在力求简约，便将“历代史略”四字标题，省约为“历史”二字。从今天来看，按照时代的顺序来讲明人类社会活动的事迹，仍然是史家的职志，所以“历史”二字，仍循用而不能废。

第二章　研究中国古代史的基本书籍

第一节　总的说明

谈到研究远古的历史，无疑必须倚仗地下发掘为主要材料的来源，近人称之为“锄头考古学”。这在今天历史研究工作中，诚然是最重要的一环。但是，锄头考古，不是凭空可以轻易来谈的，必须有地质学、古生物学、人类学，以及对石器、陶器、铜器等方面鉴定辨别的知识，才有下手处。即以考证殷史而论，从1928年到1937年，先后在殷墟进行科学发掘达十五次之多，除所得甲骨鼎彝以外，还发现石、陶、玉、铜、骨、蚌之器，和其他遗物至夥，殷人版筑堂基、土阶地窖、铜石柱础、龟版坑穴、宗庙宫室遗址，以及殷王陵墓和殉葬的车马鸟兽人骨等，都有丰富的发现。我们尚论殷史，必须根据这些真实材料做直接说明，这是毋庸置疑的。但是，本书介绍的范围，只限于中国历史重要的书籍，自然是单指有文字记载的材料而言，关于那些无文字记载的古代遗物的考证和说明，不在这儿介绍。

所谓“史籍”，本不限于纸本材料。当我们祖先在没有发明人工造纸术以前，记事的方法，或刻在龟甲兽骨上面，或写在竹木简上面，或镂在铜器上面，或雕在石头上面，或书在布帛上面。布帛容易腐烂，不能传之久远；竹木简也易于破损，很难保存到几千年；所以今天我们可以看到几千年以前用文字记事的遗物，以甲骨铜器和石刻为较多。这些材料是最古的书籍；用它们来考证古书，价值特别高，有时远在纸本的史料之上，毫无疑问它们是最重要的史籍的一部分了。

截至目前，从地下发掘出来的古代文字，以殷墟甲骨文为最早，大半是在龟甲和兽骨上面用刀刻着成文的记录。其内容是将殷代统治阶级占卜的原因和结果，记录下来，以待日后的证验。很多卜辞中记有占卜的年月日期，可从此考证殷代史实，并了解当时政治、经济、军事、外交、风俗、习惯等情况。这一大堆珍贵史料，便是我们祖先在三千多年前遗留下来的古书。

其次，殷周时代的青铜器，像鼎、彝、盘、盂、敦、卣等器具上面，也刻有文字，由少数几个字，发展为几百字。其内容，初由单纯的记载姓名或符号，便渐渐刻有纪念性的文字，或者颂扬勋德，或者夸耀战功，从这上面，也可以发现许多历史资料。我们通常称这种文字为“钟鼎文”，也称

“金文”。它的价值，是和甲骨文相等的，自然也是我国最古的书籍。

然而龟甲和青铜器，原来各自有其不同的用途，在那上面刻上文字，是附带的作用。它们的目的，既不在于传递知识、总结经验，自然算不上正式的书籍。古代正式的书籍，最早是用竹简和木版书写的，所谓“文武之道，布在方策”，“方”是木版，“策”是竹简，这才是正式用以传递知识、总结经验的书籍。和简策同时流行的还有“缣帛”，“竹帛”二字又成为书籍的代名词。后来进一步发明了人工造纸术，书籍便日益增多，于是纸本书籍，保存下来了一大部分历史资料。现在，就研究中国古代史方面，分为“地下发现的书籍”和“纸上已有的书籍”，加以介绍。

第二节　地下发现的书籍

(甲) 甲骨文字

根据地下已经出土的材料，证明我国在商代，已经有很多可用以记事的文字了。所记载的，只是极简单的某月某日做什么事，用小刀刻在龟的腹甲和牛的胛骨上。因为这上面的记载，大半是占卜的事情，所以今日称它为“甲骨卜辞”，或称为“龟甲文字”。因为它出土于殷代都城旧址，所以又称为“殷虚卜辞”（虚即墟字），或称为“殷虚书契”（契是刻的意思）。这种遗物，埋藏在地下达三千年之久，直到1899年（清末光绪二十五年），才大批出土于现在河南安阳西北的小屯村。在这以前，并非没有出土过，每当农民犁田的时候，是经常有些发现的，都被称为龙骨，以贱价卖给药店去了，到1899年，才被学者们发觉，加以重视和收购。所以叙述龟甲出土的历史的，也只得从这年算起。小屯村，是殷都旧址，这些出土的龟甲，无疑是殷代统治阶级藏书之府里面的遗物。

最初学者们发觉甲骨上面有文字加以收购的，为山东福山人王懿荣。他是清末的官僚，住在北京，是一位金石收藏家。当他最先发觉龟版上有文字时，便托古董商四去搜求，所得约千片。不久，他便死了，甲骨为丹徒刘铁云所得。刘氏又托人奔走购买，所集更多。上虞罗振玉，在刘氏处开始看到甲骨文字，以为“汉以来小学家所不得见”，惊为奇货，因怂恿刘氏拓印行世。1903年（光绪二十九年），刘氏择龟甲中字迹完好者千余片，拓印为书，名《铁云藏龟》，凡六册。这便是甲骨文字印布之始。这书印布不久，当时朴学大师瑞安孙诒让得而读之，在1904年，便写成《契文举例》二卷，自谓“衰年睹此奇迹，爱玩不已，辄穷两月力校读之，乃略通其文字”，这便是我国学者们从事于甲骨文字研究之始。次年，孙氏又刊行所著《名原》二卷，摭拾金石遗文与甲骨刻辞，证说古文字之形体，这便是我国学者用甲骨文考证古代文字之始。

至于根据甲骨文字，以上证殷代史实，秩然就理，替近几十年来的史学界开辟一新途径，则以罗振玉、王国维二人之功为最多，而王氏之成就尤巨。两人在政治上，思想感情是封建的、反动的，但是他们在考古工作上所用的方法是客观的、科学的。罗氏从 1906 年开始搜集甲骨，初由骨董商人手辗转购买，后又遣其弟振常至安阳采掘。犹以为不足，复亲至其境实地考察，而收购前后所得，达三万片以上，为历来收藏家所不及。罗氏于是开始了广为流传的工作，1912 年，罗氏在日本“以一年之力，编为《殷虚书契》八卷，精印出版”；1914 年，“复影照精印其所藏最大之肩胛骨未经拓墨者，为《殷虚书契菁华》一卷”；1916 年，又选择前所未备者，复得千余品，编印为《殷虚书契后编》二卷；此后复搜求国内收藏家的拓片，共得三千纸，于 1933 年复印成《殷虚书契续编》六卷。这几部书的行世，对学术界的贡献极大，替史学家提供了丰富的材料，由此研究甲骨文字的风气，也就大大地展开了。

不过前此殷虚甲骨的出土，纯系偶然的发掘，及知其可以牟利，则又滥肆开采。在这中间，自然毁灭了不少宝贵的材料。至于正式组织人力，用科学方法，有计划地去发掘，这是从 1928 年才开始的。由当时中央研究院历史语言研究所主持其事，实际参加工作的如梁思永、李济、董作宾，都富有考古学的知识与经验，所以收获也很大。从1928年10月到1934年3月，陆续进行了九次发掘，共发现龟甲和兽骨6513片。已选出3866片，编为《殷虚文字甲编》，由商务印书馆出版。1934年的秋天和1935年的春秋两季，又继续举行了第十、十一、十二等三次发掘。这次仅找到了殷代帝王的葬所，而没有发现甲骨。从1936年春季到1937年春季，又举行了第十三、十四、十五等三次发掘，共发现龟甲和兽骨18405片，编为《殷虚文字乙编》，已经陆续出版了上中下三册。从此研究甲骨文字的材料，较过去私人所搜求而传拓的更加丰富而完整。学者们凭借这些资料，或用以研究古代文字，或用以考证古代史迹，成绩是非常巨大的。现在但就考证古史方面关于甲骨文字的重要书籍，举列几种如下：

《殷虚书契》八卷　近人上虞罗振玉编订，1913年影印本四册。又1932年重印本。

《殷虚书契后编》二卷　编者同上，1916年3月影印本一册。又重印本。

《殷虚书契续编》六卷　编者同上，1933年9月影印本六册。

以上三种均系拓片影印。

《殷虚书契菁华》一卷　编者同上，1914年影印本一册。此系就甲骨原片影印。

《殷虚文字甲编》一册　今人董作宾等编集，1948年商务印书馆影印本。

《殷虚文字乙编》上中辑二册　编者同上，1949年商务印书馆影印本。

《殷虚文字乙编》下辑　编者同上，科学出版社影印本。

《殷虚文字缀合》　中国科学院考古研究所编，科学出版社影印本。

就保存甲骨文字的材料来说，以上列数种为最备，且影印精美，与原物无异，学者取材，宜以此数书为重要的参考。其他由私家传拓的印本至多，像刘鹗的《铁云藏龟》，林泰辅（日本人）的《龟甲兽骨文字》，商承祚的《殷契佚存》，容庚的《殷契卜辞》，郭沫若的《卜辞通纂》和《殷契粹编》，孙海波的《甲骨文录》，唐兰的《天壤阁甲骨文存》，郭若愚的《殷契拾掇》二编，胡厚宣的《战后宁沪新获甲骨集》等编，都是保存材料很丰富的书籍。学者又可旁搜博考，证其异同。

《甲骨文编》十四卷　**《附录》**一卷**《合文》**一卷**《备查》**一卷　近人孙海波撰集，1934年石印本。

此书将甲骨刻辞中的单字，依《说文解字》五百四十部分别类次，纂成一编，凡录一千又六文，合文一百五十六，附录一千一百十文。近年科学院在这个基础上，加以增补修订，有新印本。初学辨认甲骨文字，可由此入门。

《契文举例》二卷　清末孙诒让著，蟫隐庐影印本。

《殷商贞卜文字考》一卷　近人罗振玉著，清宣统二年石印本。

《殷虚书契考释》三卷　编者同上，1927年2月东方学会石印增订本。

此二书对甲骨文字研究，有发凡起例之功，可以详究。考释分为都邑、帝王、人名、地名、文字、卜辞、礼制、卜法等八章，将甲骨文字，以类相聚，成为有条理有系统的研究。近人分类整理卜辞，都不能越其范围。其中考释文字部分，番禺商承祚用《说文》五百四十部纂为《殷虚文字类编》(1923年刻本，后又有删校本)。商氏又节录都邑、帝王、人名、地名等四章，附刻在《殷虚文字类编》后，尤便初学。

《观堂集林》第九卷、第十卷　近人王国维著，乌程蒋氏排印本。上虞罗氏刊《王忠悫公遗书》本。1935年商务印书馆石印《王静安先生遗书》本。

《观堂集林》凡二十四卷，内分《艺林》八,《史林》十四,《缀林》二，而以《史林》篇幅为多。初学未必能尽通其读，且先看第九卷和第十卷。

第九卷载《殷卜辞中所见先公先王考》《殷卜辞中所见先公先王续考》，是王氏根据甲骨刻辞考订殷代王室、世系、名号的专著。所谓“先公”，是指从汤以上若相土、若季(《史记·殷本纪》作冥)、若恒、若亥(《史记》作振)、若上甲微，以及报丁、报乙、报丙、示壬、示癸(《史记》作主壬、主癸)，都称先公。自汤以下之殷王，才称先王。商代在成汤以前的先公凡十四世。《史记·殷本纪》《国语·周语》《荀子·成相篇》所记皆同。《殷本记》大概根据《世本》及《谱牒》,《世本》为周末之书，与《国语》《荀子》同时。此十四君皆在汤以前，与旧史系统相比，约与虞夏同时，其人物之有无，是一大疑问。王氏发现那些名号，都见载于甲骨，因考定《殷本纪》所录汤以前的先公，大致可信；至于从汤以下以至于纣，凡三十王，一十七世，历时六百余年，尤为信而有征了。

第十卷是《殷周制度论》。王氏谈及殷虚文字曾说："余据此种材料，作《殷卜辞中所见先公先王考》以证《世本》《史记》之为实录；作《殷周制度论》，以比较二代之文化。"可知此篇与上二篇都是王氏研究甲骨文字写出的心得。他在此篇，运用了极精密的分析，认为："夏殷间政治与文物之变革，不似殷周间之剧烈。殷周间之大变革，自其表言之，不过一姓一家之兴亡、与都邑之移转；自其里言之，则旧制度废而新制度兴，旧文化废而新文化兴。"这是很精谛的论断，给后来历史学者们的启示也很大。篇中于周代礼制，论列特详，学者所宜精读。

《殷礼征文》一卷 王国维著，遗书本。

是书考论殷人祭祀、礼制，至为精审。通篇历举卜辞以实其说，学者可参考。

《古史新证》一卷 王国维著，清华研究院讲义本。北京来薰阁影印手稿本。

此书为王氏讲学清华研究院时所编讲义。书分五章：第一章“总论”，是说明考证古史的方法和依据；第二章“禹”，是根据周代铜器刻辞，证明夏禹为古之帝王，实有其人；第三章“殷之先公先王”；第四章“商诸臣”；第五章“商之都邑及诸侯”。王氏根据自己曾经考论过的材料，删繁提要，以成此篇，最便学者。

《卜辞中之古代社会》（《中国古代社会研究》第三篇） 今人郭沫若著，1954 年人民出版社出版。

郭氏是海内学者中最先运用马克思主义的辩证唯物论观点，按照社会发展的五种经济形态，来研究本国历史分析问题的第一人，也是中国新史学界开辟道路的前驱者。由于他想在古代史料中找到理论的根据，便发愤治甲骨文字之学，他在1929年所著《甲骨文字研究》一书《自序》中说过：“余之研究卜辞，志在探讨中国社会之起源。”可知他研究甲骨，完全是从考证古史出发。他在这方面所收获的重要部分，都写入了此篇。其中有些论点虽不免失之武断，但是大体甚好，发凡起例之功，尤不可没。初学必须细读，并参看郭氏《古代研究的自我批判》一篇（载《十批判书》卷首）。

《甲骨文断代研究例》 今人董作宾著，1935 年中央研究院历史语言研究所集刊外编《庆祝蔡元培先生六十五岁论文集》上册。

近数十年来，学者们取甲骨以考证古史贡献最大的，自王国维外，要算郭沫若和董作宾。所以世人一谈到用甲骨证史的研究工作，便并推“三堂”（王观堂、郭鼎堂、董彦堂）。董氏既亲自参加殷虚的科学发掘，用力尤深。在卜辞研究上，进到断代研究的一步，这成绩是十分辉煌的。卜辞，是殷代后期由武丁至殷末二百年间的遗物，最初，从事研究者，只一般地知其为殷代遗物，经董氏提出断代研究例，然后可以判断每一辞每一片是属于何世的绝对年代，这更增进了卜辞的史料价值。在卜辞本身中，也可看出它的发展，这诚然是董氏的巨大发现。

《甲骨文字与殷商制度》 今人周传儒著，1934 年开明书店印行。

周氏是王国维的学生，其甲骨之学，实受之于王氏。此书分为八章：第一章“导言”，第二章“殷墟之由来及其经过”，第三章“甲骨文之发现及其印行”，第四章“系统的发掘”，第五章“文字之研究”，第六章“殷史之二重证”，第七章“新史料之提供”，第八章“殷代工艺文化之推测”。全书文字浅明，篇幅简约，初学有志治甲骨学者，可以此为入门书。

《甲骨学商史编》上下册 今人朱芳圃编，1935 年中华书局石印。

朱氏亦王门弟子，是书总集诸家疏释甲骨文字而有关商代史实的材料，分门排比，整理成编，计分民族、世系、人物、都邑、方国、文化、制度、产业、卜法等类，是为研究商史者提供材料的专门书籍，学者可参考。

《甲骨学商史论丛》 今人胡厚宣著，1945年齐鲁大学国学研究所刊。

近人治甲骨者，以胡氏最勤，而搜访亦最富。此编系综合其在齐鲁大学所编讲义印成，议论有精到处，亦有偏激处，学者可分别观之。

《古代研究的史料问题》 胡厚宣著，1950年商务印书馆出版。

此书虽系小册子，着墨不多，但对研究古史应注意的问题，以及近人治甲骨学的弊病，都简括地指出来了，识议甚通，可供初学者参考。

《殷虚卜辞综述》 今人陈梦家著，1956年科学出版社出版。

此书全面地叙述了卜辞的内容以及研究的经过和方法。全书分为总论、文字、文法、年代、历法、地理等，共二十章。分类介绍，颇为详尽。可供研究古代历史、地理、语言、文字和考古学的参考。

（乙）金石刻辞

古代用竹简写书，容易朽烂缺脱，不能传之久远，所以古代重要的记载，又有很多托铜器和石碑上的刻辞以传于后世。于是“金石”便成为考证古史的中心，特别是铜器较石刻更能耐久，可借以考证古史的材料更多。铜器绝大部分，都是古代统治阶级日常生活中所享用的礼器，大概说来，乐器有钟，食器有鼎、鬲、敦、簠，饮器有尊、彝、壶、罍、爵、觚，盥洗器有盘、匜。这些礼器中，以钟和鼎为最大。上面大半刻有文字，所以后来便称研究这类东西的学问为“钟鼎文字之学”，现在便简称为“金文”。我们祖先在很早的时候，便拿“金文”来说明事物的情状，解释古书的疑义，这可分四方面来谈：

第一，根据金文以证明经义。《礼记》是“七十子后学者所记”，大部分是汉以前作品，其中《祭统》一篇，论述鼎铭体例时说：“夫鼎有铭。铭者自名也；自名以称扬其先祖之美而明著之后世者也。为先祖者，莫不有美焉；莫不有恶焉。铭之义，称美而不称恶，此孝子孝孙之心也，唯贤者能之。”下面便引卫国孔悝鼎铭一百一十四字的全文，来证明“称扬其先祖之美而明著之后世”的实例。这便开后世“取金文以证经”的风气。

第二，根据金文以解释文字。东汉许慎作《说文解字》，我国开始出现了第一部“分别部居、据形系联”的字书。他在叙文中说：“郡国往往于山川得鼎彝，其铭即前代之古文，皆自相似，虽叵复见远流，其详可得略说也。”可知许氏在编写字书时，便已十分重视铜器上面的文字，列为重要资料了。今观《说文解字》全书中所录重文一千一百六十三字，而古籀为多，许慎所根据的材料，“金文”自然是来源之一，这便开后世“取金文以说字”的风气。

第三，根据实物形制以纠正古代传说之谬。《梁书·文学传》称：“杳少好学，博综群书，沈约、任昉以下，每有遗忘，皆访问焉。尝于约坐语及宗庙牺樽，约云：‘郑玄答张逸，谓为画凤皇尾娑娑然，今无复此器，则不依古。’杳曰：‘此言未必可按（《南史》作安）。古者樽彝，皆刻木为鸟兽，凿顶及背，以出内酒。顷魏世鲁郡地中得齐大夫子尾送女器，有牺樽作牺牛形。晋永嘉贼曹嶷于青州发齐景公冢，又得此二樽，形亦为牛象。二处皆古之遗器，知非虚也。’约大以为然。”刘杳根据出土的实物，竟驳倒了东汉大经学家郑玄的臆说，更显示了出土古器对考证古代礼制的作用和价值。

第四，根据铜器刻辞以校订古书记载之误。《颜氏家训·书证篇》说：“《史记·秦始皇本纪》：‘二十八年，丞相隗林、丞相王绾等，议于海上。’诸本皆作山林之‘林’。开皇二年五月，长安民掘得秦时铁称权，旁有铜涂镌铭二所。其一所曰：‘廿六年，皇帝尽并兼天下，诸侯黔首大安，立号为皇帝。乃诏丞相状、绾：法度量则不壹，歉疑者皆明壹之。’凡四十字……了了分明，其书兼为古隶。余被敕写读之，与内史令李德林对见。此称权今在官库，其‘丞相状’字，乃为状貌之‘状’，爿旁作犬，则知俗作‘隗林’，非也，当为‘隗状’尔。”颜之推根据出土的实物，竟订正了《史记》上面文字的讹体误字，这又替校勘古书的人们，启示了新的途径和方法。

由此可见，在隋唐以前的学者，便已重视了古代器物的形制和刻辞，开辟了研究的道路。但是刻字在铜器上，比刻石艰难，加以文字也不能多载，所以到了秦以后，便普遍用石刻代金刻。南宋学者郑樵在《通志·金石略》中说过："三代而上，唯勒鼎彝。秦人始大其制而用石鼓。始皇欲详其文，而用丰碑。自秦讫今，唯用石刻。"这自然是事物发展的必然趋势。

远在公元前一百年，司马迁修《史记》时，便将秦始皇巡游天下勒石颂功德的刻石，像泰山、琅琊、之罘、碣石等石刻上面的文字，都收入了《秦始皇本纪》，这便创辟了以石刻为史料的途径。从汉以来，"碑"的应用愈广，而石刻愈多，取以考证史实，为用更大。叶昌炽《语石》卷六，谈到"碑板有资考证"便说："撰书题额结衔，可以考官爵；碑阴姓氏，亦往往书官于上；斗筲之禄，史或不言，则更可以之补阙。郡邑省并，陵谷迁改，参互考求，了于目验。关中碑志，凡书生卒，必云终于某县某坊某里之私第，或云葬于某县某村某里之原，以证《雍录》《长安志》，无不吻合。推之他处，其有资于邑乘者多矣。至于订史：唐碑之族望，及子孙名位，可补《宗室宰相世系表》；建碑之年月，可补《朔闰表》；生卒之年月，可补《疑年录》；北朝造象寺记，可补《魏书·释老志》；天玺纪功、天发神谶之类，可补《符瑞志》；

投龙斋醮、五岳登封，可补《郊祀志》；汉之孔庙诸碑，魏之受禅尊号，宋之道君五礼，可补《礼志》；唐之令长新诫，宋之慎刑箴戒石铭，可补《刑法志》。”据此，可知“石文”价值亦不在“金文”之下。后人谈考古的，便以“金石”并称了。

研究“金石”，到宋代才正式成为专门之学。《宋史》卷三百一十九《刘敞传》称：“敞尝得先秦彝鼎数十，铭识奇奥，皆案而读之，因以考知三代制度。尤珍惜之，每曰：我死，子孙以此蒸尝我。”这便是宋代学者私人收贮古物、研究金石的先驱。他并写成了《先秦古器图》，把每件东西的形制和刻辞，都描摹在上面。那时拓墨之法，已适用于捶拓古器文字，刘氏更以古器拓片分送给欧阳修，这便提高了欧阳修研究“金石”的兴趣。加以欧阳修居“位极人臣”的官职，公私收藏，都可供他观览和捶拓，终究写成一部为书十卷的《集古录》，登载了几百篇跋尾，这是我国学术史上正式出现金石学专著的开端。欧阳修自谓：“上自周穆，下更秦汉隋唐五代，外至四海九州、名山大泽、穷崖绝谷、荒林破冢，莫不皆有。”可见他搜采之广。后来赵明诚仿其体例，写成《金石录》三十卷。此外像吕大临的《考古图》，薛尚功的《历代钟鼎彝器款识法帖》，王俅的《啸堂集古录》，都是私家考证的成果。而由宋徽宗赵佶领导臣下编成的《宣和博古图》，更是当时集大成的作品。

总之，“金石学”的成为专门研究，自是宋代学者所创辟的新学问。研究的人既多，著作也就丰富，研究的范围早已推广了。像洪适的《隶释》二十七卷，《隶续》二十一卷，便专录碑刻，具载全文，考证之语，悉书于后。清代作者，如顾炎武《金石文字记》，王昶《金石萃编》之类，便完全沿用了这一体例。此外，宋代学者由研究金文而推及钱币，便有洪遵的《泉志》十五卷；由研究石刻而推及古玉，便有龙大渊所编订的《古玉图谱》一百卷；由金文石刻而推及玺印，便有王厚之的《汉晋印章图谱》一卷。至于岳珂作《桯史》，其中载有《古塚桴盂记》一篇，这是封建社会学者们有专篇记载“明器”之始（明器是殉葬之器），也是学者对明器的重视和研究的开始。从宋至清，研究金石的不下数十百家，成绩非常巨大；并且地下的古器物，不断出现，我们可取以考证古史的材料，也日益丰富了。兹就重要书籍，介绍几种如下：

《三代吉金文存》二十卷　上虞罗振玉类次，1936 年珂罗版影印拓本。

是书所收商周彝器铭文凡四千八百三十一器，集金文之大成，唯无考释。

《金文编》十四卷　附录二卷、器目一卷、检字一卷，今人东莞容庚撰集，1925 年自写石印本。

《金文续编》十四卷　附录采用文字一卷，检字一卷，编者同上，1935 年石印本。

二书类次传世金文的单字，依《说文》五百四十部分纂而成。前编专收殷周金文，续编专收秦汉金文。摹写极精，最便初学。前编有1959年科学出版社新印本，精装一厚册。

《商周彝器通考》三编　东莞容庚撰集，1941年影印本。

此书分上下二编，附图一编。上编通论十五章，下编分论四章，全书约三十万言，插图甚多，极有用。1958年科学出版社新印《殷周青铜器通论》，题容庚、张维持合著。

《观堂古金文考释五种》五卷　王国维著，遗书本。

此书考释毛公鼎、不婴敦、散氏盘、盂鼎、克鼎五器铭辞，至为精审。学者可从其中吸取整理金文之方法。

《古礼器略说》一卷　王国维著，雪堂丛刻本。后又删改入《观堂集林》中。

此书每篇文字短简浅明，初学读之，可以了解到古代礼器的形状、类别、名称之大要。

《宋代金文著录表》一卷　王国维著，雪堂丛刻本。王氏遗书本。容庚重编本，1929年《北海图书馆月刊》第一卷第五号单行本。

《国朝（清代）金文著录表》六卷　王国维著，雪堂丛刻本。遗书本。罗福颐有《校记》一卷，1933年7月石印本。

此二书可以考见宋代、清代藏器的情况。研究金文者，又可从此按图索骥，有检目之用。

《金文丛考》四册　**附《金文余释之余》**一册　郭沫若著，1954年人民出版社影印本。

《周代彝铭中的社会史观》（《中国古代社会研究》第四篇）郭沫若著，1954年人民出版社出版。

《积微居金文说》　杨树达著，1952年中国科学院出版。

郭氏用新观点理董金文，杨氏取金文以疏证经史，各极其能，精义不少。

《双剑誃吉金文选》二卷附**《附编》**　于省吾撰集，1934年石印本。

《吉金文录》四卷　吴闿生集释，1934年南宫邢氏刻本。

此二书但录文辞，不图器状，铭文一律释为楷书，简明易检，又博采诸家考证，为之诠释，最便学者。

《金石萃编》百六十卷　清王昶撰集，陆耀遹有续编二十一卷，方履篯有补正四卷，扫叶山房合印本，甚佳。

《语石》十卷　清叶昌炽著，清宣统元年自刻本。扫叶山房石印本。商务印书馆排字本。

此书于石刻源流得失，条辨至为详尽，读《金石萃编》者，宜以此为辅。《金石萃编》虽以“金石”命名，其实录金文仅数器，余皆石刻。王氏综录诸家考证语甚备，而间附己意于尾。初学研究石刻，必以此二书为守约要籍。

《周秦金石文选评注》　今人黄公渚选注，商务印书馆本。

《两汉碑文选评注》　同上。

初学对金石文字，苦其艰深，不知从何入手，可先取此二书为入门之阶。此二书解释浅显，句读分明，较易引发研究者之兴趣。凡治甲文、金文，都应凭借近代研究成果。所以在本节内谈“地下发现的书籍”时，举列今人写作为多。和其他章节专介绍古代史籍有所不同。

以上所举，不过为初学介绍了一些比较容易入门的书籍。如果谈到进一步深刻研究，那么金文对于考证古史的作用，尤为重要。阮元《揅经室三集》卷三有《商周铜器说》上下篇，强调了它的价值，学者可参考。至于清代学者考释金文的专著，不下数十家，其中如阮元的《积古斋钟鼎彝器款识》，吴荣光的《筠清馆金文》，吴式芬的《攈古录金文》，徐同柏的《从古堂款识学》，吴云的《两罍轩彝器图释》，潘祖荫的《攀古楼彝器款识》，吴大澂的《愙斋集古录》，刘心源的《奇觚室吉金文述》等，都很重要。今人考释金文的著作如郭沫若的《两周金文辞大系》和《殷周青铜器铭文研究》诸书，也都很重要，必须参考。

第三节　纸上已有的书籍

（甲）政事方面的

今天对于古代遗留下来的书籍的处理，再不能用经、史、子、集这些名词来割裂了，这在第一章，已经说得很清楚。五十多年前，梁启超在《中国历史研究法》中便已说过："以旧史作史读，则现在数万卷之史部书，皆可谓为非史；以旧史作史料读，则岂唯此数万卷者皆史料，举凡以文字形诸记录者，盖无一而不可于此中得史料也。"这是比较通达的看法。特别是考证古代史实，遗留到今天的书籍，本来不多，有些书，后人虽加上"经"名，其实乃是当时的重要史籍，如果不和它们见面，便谈不到研究古代史。范文澜氏在《中国通史简编》第一编指出："几部经典，流传到现在，已经二千多年，经学本身起了多次变化并产生了各种派别。每一变化和派别，都或大或小地影响到文化的各个方面。所以不了解经学和儒家派别，很难了解中国文化的重要部分。"这种见解，是正确的。不独几部传世久远的经典，我们必须去研究；旁逮周秦诸子，也都反映了中国古代社会的思想意识，自然是史料中的重要部分，同样值得我们重视。现在且将有关政事方面的重要史籍举列如次：

《尚书》 十三经注疏本。《四部丛刊》本。

这"尚"字，古人用与"上"字同，由于这里面所记载的是远古的史实，所以叫作《尚书》。最初简策很多，经过古代学者整理以后，选存了一百篇，后来遭到秦代焚书，这书损失最多。汉初，伏生传出二十九篇，用当时隶书写成，称为《今文尚书》。到武帝末年，鲁共（恭）王刘余从孔壁中发现很多蝌蚪文字写成的竹简，这叫《古文尚书》，孔安国用当时通行的字体去校读一遍，多出了十六篇（用班固说）。但是这种《古文尚书》，当时虽曾献之朝廷，一直没有列于学官，不久也就亡佚了。到东晋元帝时（公元317年—322年），忽然有豫章内史梅赜，奏上孔安国作传的《古文尚书》，增多伏生二十五篇，又从伏生所传诸篇中分出五篇，并书序凡五十九篇，为四十六卷。这种书在社会上流行了很长的时间，唐初诸儒修《尚书正义》，陆德明写《经典释文》，都根据这个本子，也就是今天通行的本子。

这个本子，共有五十八篇文字，其中有真的，有后人伪造的，也有真伪参半的（事实是古代的，文字出于后人追述）。假若真伪不分，根本谈不上考证史实。宋代学者首先怀疑到《古文尚书》是伪书，像吴棫、朱熹便是辨伪工作的前驱者。他们所坚持的理由是：东晋所发现的《古文尚书》都文从字顺，不像伏生所传《今文尚书》的诘屈聱牙，单从文字看，也不类古人手笔。朱熹并且怀疑到所谓孔安国作的传和序，都不似西汉文字，也是魏晋间人伪造的。后来到清代学者阎若璩著《古文尚书疏证》，列举了一百二十八条证据，于是这疑端乃成了定案。其后，崔述著《古文尚书辨伪》，条辨更加清楚。今通行本的《尚书》中，如《大禹谟》、《五子之歌》、《胤征》、《仲虺》、《汤诰》、《伊训》、《太甲》（上中下三篇）、《咸有一德》、《说命》（上中下三篇）、《泰誓》（上中下三篇)、《武成》、《旅獒》、《微子之命》、《蔡仲之命》、《周官》、《君陈》、《毕命》、《君牙》、《冏命》等二十五篇，都是晚出伪书。此外尚有《尧典》、《舜典》、《皋陶谟》、《益稷》、《禹贡》、《甘誓》、《汤誓》、《盘庚》(上中下三篇)、《高宗肜日》、《西伯戡黎》、《微子》、《牧誓》、《洪范》、《金縢》、《大诰》、《康诰》、《酒诰》、《梓材》、《召诰》、《洛诰》、《多士》、《无逸》、《君奭》、《多方》、《立政》、《顾命》、《康王之诰》、《吕刑》、《文侯之命》、《费誓》、《秦誓》等三十三篇。据学者考证古代的本子,《舜典》合于《尧典》,《益稷》合于《皋陶谟》,《盘庚》止为一篇,《康王之诰》合于《顾命》，便成为二十八篇。清末吴汝纶，曾经根据这二十八篇，重加写定，称《尚书定本》。而姚永朴又有《尚书谊略》，也只有二十八篇文字，荟萃众说，加以简约的考订，极便初学。今列举二十八篇篇目如次：

1.**《尧典》**合今本《舜典》 2.**《皋陶谟》**合今本《益稷》 3.**《禹贡》** 4.**《甘誓》** 5.**《汤誓》** 6.**《盘庚》**合今本上中下三篇 7.**《高宗肜日》** 8.**《西伯戡黎》** 9.**《微子》** 10.**《牧誓》** 11.**《洪范》** 12.**《金縢》** 13.**《大诰》** 14.**《康诰》** 15.**《酒诰》** 16.**《梓材》** 17.**《召诰》** 18.**《洛诰》** 19.**《多士》** 20.**《无逸》** 21.**《君奭》** 22.**《多方》** 23.**《立政》** 24.**《顾命》**合今本《康王之诰》 25.**《费誓》** 26.**《吕刑》** 27.**《文侯之命》** 28.**《秦誓》**

以上所举二十八篇，昔人定为是可靠的材料，但是其中并非完全没有问题。如《尧典》《禹贡》等篇，绝不是虞夏时书，而必出于后人之手。这里所指的“后人”，只是后于虞夏；而距离今天，却至少也有两千多年了。因为这些篇都经司马迁采入了《史记》，可知必不出于汉初学者之手，至晚也应该是周末的作品，自然是考证古史的重要材料。现在将司马迁所采用了的《尚书》诸篇，列举如下：

《史记·五帝本纪》全载《尧典》(包括今本《舜典》在内)。

《夏本纪》全载《禹贡》、《皋陶谟》(《益稷》在内)、《甘誓》诸篇。

《殷本纪》《宋世家》全载《汤誓》《洪范》《高宗肜日》《西伯戡黎》诸篇。而《微子》篇载其半,《盘庚篇》略载大意。

《周本纪》《鲁世家》全载《牧誓》《金縢》二篇文字。而《无逸》《吕刑》《费誓》载其半。《多士》《顾命》，略载大意。

此外，如《燕士家》的采及《君奭》,《卫世家》的采及《康诰》《酒诰》《梓材》,《秦本纪》的采及《秦誓》,皆略载大意。

由此可见，二十八篇的绝大部分材料，都为司马迁吸取了，相反地，去看那些伪《古文尚书》,《史记》中并没有载其一语。这又是辨伪工作中最有力的证据。所以我们读《尚书》，必须取《史记》和它对看，这对初学者有极大的启发和帮助。

读《尚书》时，要有耐心，不能以其艰深难懂，便把它置之不理。诚如马叙伦氏所说："《尚书》的文章的确有些诘屈聱牙，我们看了甲骨文和金器的文章，我们晓得《尚书》虽则被某一个时期的历史家或文学家整理过的，从语文学的眼光看来，还是根据着它的本来面目的。不过在二千年底下的我们读起来，有些碍眼碍口。这个问题，不但在《尚书》上这样，读到先秦的古书，都是这样，不过程度有些差别。可是，研究古代史的困难，也就在这里，因为它们确是许多必须依据的材料。"(《研究中国古代史的必须了解中国文字》)这是很通达的见解！如果要从根本上解决初学阅读先秦古书的困难，必须从研究祖国古代文字下手，这是毋庸置疑的。但为目前阅读《尚书》减少困难计，我仍然主张取《史记》和它对勘。

由于司马迁采用《尚书》时，并不是一字不易地抄死书，而是运用了"以训诂代经文"的原则，仔细将《尚书》原文翻译了一遍，使先秦古书，一变而为汉代通行的语言文字，这从介绍古代文化遗产来说，是一件不可磨灭的功绩。我们今天读先秦古书，感到艰深难于理解，读汉人已经翻译了的东西，自然觉得平易近人了。综合司马迁做翻译工作时，找浅近的文字去更换古代艰深的文字，不外采用几个方法：第一，取之于同解谊的文字。例如《尚书·尧典》有“钦若昊天”的话，《史记·五帝本纪》便作“敬顺昊天”。这是由于古代“钦”字作“敬”字讲，“若”字作“顺”字讲，所以便直接以此易彼。第二，取之于同声或音近的文字。例如《尧典》“平章百姓”，《五帝本纪》改作“便章百姓”。这是由于“便”“平”一声之转，古人通用。第三，取之于通行常见的文字。例如《尧典》云“瞽子”，《五帝本纪》便作“盲者子”，以“盲者”二字代替了“瞽”字。第四，增加文字以足句意。例如《尧典》云“试可乃已”，《五帝本纪》便作“试不可用而已”，清儒钱大昕指出：“古人语急，以不可为可也。古经简质，得史公而义益明。”由此可知《尚书》原文经过司马迁翻译以后，减少了我们在阅读方面的困难，我们必须依据《史记》来理解《尚书》。清代学者的注本，如孙星衍的《尚书今古文注疏》，便仔细做过与《史记》对勘的功夫，疏说也很详尽，学者可参考。

《逸周书》 晋孔晁注，《四部丛刊》影印明刻单注本。卢文弨抱经堂校刊本。

此书问题最多，考古学者罕加引用，但它见之著录很早。《汉书·艺文志·六艺略·书类》载《周书》七十一篇，班氏自注云：“周史记。”颜师古注引刘向云：“周时诰誓号令也，盖孔子所论百篇之余也。”刘向所言，当系《别录》原文，但自唐代学者，便已怀疑到《逸周书》非古人原本。刘知几《史通·六家篇》便指出其中“时有浅末恒说，滓秽相参，殆似后之好事者所增益”。宋代如陈振孙、黄震，都疑此书出于战国。清儒崔述，在《丰镐考信别录》中便说：“《周书》之作，盖在战国秦汉之间。彼固取前世王侯卿大夫之行事而揣度言之，复杂取传记之文以附益之者。”这一类的推断，不为无见，但是却不能全部否定此书，即使书中有大部分文字是出于战国秦汉间学者之手，但也必有一部分事实或传说的根据，况且其中有某些篇还是有史料价值的。近人梁启超在《中国历史研究法》第四章说过：“吾侪读《尚书》《史记》，但觉周武王伐罪吊民之师，其文明程度殆为‘超人的’。倘非有《逸周书·克殷、世俘》诸篇，谁复能识‘血流漂杵’四字之作何解？”第五章又说：“孟子因《武成》‘血流漂杵’之文，乃叹‘尽信书不如无书’；谓‘以至仁伐至不仁’，不应如此。推孟子之意，则《逸周书》中《克殷》《世俘》诸篇，益为伪作无疑。其实孟子理想中的仁义之师，本为历史上不能发生之事实；而《逸周书》叙周武王残暴之状，或反为真相。”这便接近用新的看法来处理旧史料了。郭沫若氏进一步根据金文甲骨的实际材料，证明《克殷》《世俘》诸篇是可靠的。他在《中国古代社会研究》中指出：“《逸周书》中可信为周初文字者仅有二三篇，《世俘解》即其一，最为可信。《克殷解》及《商誓解》次之，……《世俘解》之可信，除文字体例当属于周初以外，其中所纪社会情形与习尚多与卜辞及古金中所载者相合。”（《古代用牲之最高纪录》）所以今天对这书，仍有重视的价值。

古书篇题，有的字是后人作注解时加上去的，学者必须注意把它分别一下。例如《逸周书》，开始题“度训解第一”，这解字是晋代孔晁作注解时加的。“解”，便是“注”的意思，后人引用《周书》，断不宜连“解”字来作篇名，宋代黄震的《黄氏日钞》里称引《周书》，已经联系“解”字作篇名，这是亟宜纠正的错误。这种例子，在古书中还有很多，像《淮南子》二十一篇的标题，只有《要略》没有加上一个“训”字，从《原道》至《泰族》，都以“训”字系篇名，这明明是高诱作注解时加上去的，而后人援用时，也连着“训”字来称举篇名，都是不合理的。清代姚范《援鹑堂笔记》、姚振宗《汉书艺文志条理》都指出了这个通例，学者不可不知。

《逸周书》的整埋工作，尚没有人开始去做，可以凭借的各家之说，如王念孙《逸周书杂志》四卷（在《读书杂志》内），陈逢衡《逸周书补注》廿二卷（道光乙酉刻本），丁宗洛《逸周书管笺》十卷（道光刊本），朱右曾《周书集训校释》十卷（湖北崇文书局本），朱骏声《周书集训校释增校》一卷（载《国粹学报》），庄述祖《尚书记》七卷（《云自在庵丛书》本），洪颐煊《读书丛录·逸周书》一卷（传经堂本），于鬯《逸周书校记》二卷（《香草校书》卷九卷十），俞樾《周书平议》一卷（《群经平议》卷七），孙诒让《周书斠补》四卷（光绪庚子自刻本），刘师培《周书补正》六卷《周书略说》一卷（《刘申叔先生遗书》本），陈汉章《周书后案》二卷（排印本）。此外单篇注释散见于文集笔记及新出杂志中者尤多。倘有人综合众说，成为集解，自然是有意义的工作。

《诗三百篇》 通称《诗经》或《毛诗》,《十三经注疏》本。《朱熹集传》本。《四部丛刊》本。《四部备要》本。

这是两周时代诗歌的选集，实存三百五篇，学者举成数言，便称“三百篇”。《论语》记载孔子的话，已云“诗三百”，可见这名称已很古了。后人称为“诗经”，这名称却是汉代学者所加的。一则由于汉代解经之书（传注）大兴起来，传注家推尊本书，因立经名，好像一个人有了儿子，便立父名一样（章学诚说）。二则学者们误读了《汉书·艺文志》，以为“诗经”二字是古人旧题。其实《汉志》所云：“诗经二十八卷，鲁齐韩三家。”应该读为：“《诗》。经二十八卷；鲁、齐、韩三家。”“诗”字自为一句，下面指出经文二十八卷的本子，是三家所同的。《汉志》的这种读法，证之前面所列：“《易》。经十二篇；施、孟、梁邱三家。”“《尚书》。古文经四十六卷。经二十九卷。传四十一篇。”意义更为明显。所以群经在《汉志》里，并没有把经字连在书名一起，这是学者必须注意的事。

《诗三百篇》里，昔人争论很久的问题至多，如孔子是否删诗的问题，大小序出于谁手的问题，齐鲁韩三家与毛诗异同的问题，在在都是聚讼纷纭。我们今天从研究历史的观点去研究它，却不必再纠缠于这些无谓的争辩了。只应该采“即诗求诗”的态度，从我们祖先遗留下的歌声中，去寻求两周社会生活、活动的实迹。这便是把它看成一部有价值的“诗史”，既不必硬把它说成经过圣人之手删订过的经典；也不要再受大小序的束缚，来穿凿附会，失去诗歌的本意。至于古今文之分，门户之见，我们更不必去管它。

三百五篇，是分“南”“风”“雅”“颂”四种体裁来编订的。“南”和“风”是周代各国平民的歌唱，反映了风俗民情和疾苦利病。“雅”是当时最通行的乐章，反映了政治得失和国势盛衰。“颂”是统治者宗庙祭祀时所用的乐章，旨在铺张盛美，歌颂祖先的丰功伟烈。其中《商颂》五篇，虽有人考定为出于商代后裔宋国士大夫在周代所作，但追述商朝盛世事，也不能说毫无根据，自然可取以证说商史。除《商颂》五篇外，其余整三百篇更是考证周史的可信材料，其中绝大部分诗篇，出于西周之末、东周之初，约当公元前900年至700年之间，距今已两千数百年了。

两千年间，诵读这部古诗选集的人们，都为两种思想所支配所笼罩。一是“发乎情止乎礼义”的思想（出于《诗大序》)，把劳动人民抒情的恋歌，说成了循规蹈矩的格言经训；二是“温柔敦厚”的思想（出于《礼记·经解篇》引孔子语），把劳动人民诉苦的怨声，说成了心平气和的微言大义。前者经过宋儒摆脱《诗序》和传注的束缚，直求之古人辞言之表，找到了一部分诗歌的原意，因为那属于文艺的范围，不在这儿再谈；后者一直为封建道德所拘迫，没有人敢于揭穿温柔敦厚的谎话，指出受压迫人民控诉剥削者的心情，近年来才有人注意到这点。大概从写诗者的立场来看，那些控诉压迫和剥削的诗篇，可以分为两种：一种是穷苦老百姓自己说的，一种是富于人民感情的士大夫们替老百姓说的。大家知道《鄘风》的《相鼠》，《魏风》的《伐檀》《硕鼠》，都是老百姓直接唾骂那般不劳而食横征暴敛的统治阶级的。至于富于人民感情的士大夫们所作诗篇，多保存在《小雅》和《大雅》里。像《小雅》中的《节南山》《正月》《十月之交》《雨无正》《小旻》《小宛》《小弁》《巧言》《何人斯》《巷伯》等篇，《大雅》中如《民劳》《板》《荡》《抑》《桑柔》《云汉》《瞻印》《召旻》等篇，都是站在人民立场发出的正义呼声。这些控诉压迫和剥削的诗篇，十分露骨而痛快地唾骂了那般骑在人民头上的少数剥削者，具有浓厚的反抗天命的斗争意识，绝看不出什么“蕴藉含蓄”和“温柔敦厚”。就时代说，这都是公元前八世纪到七世纪的产物，从这里面，便可充分说明在2700年前，统治者和被统治者之间的不可调和的矛盾，是多么严重地存在着，这也是我们考证两周社会状况的绝好史料。至于其他叙述农事的诗篇像《七月》《楚茨》《南山》《甫田》《大田》等，描绘了当时的生产情形和农村景象，更是研究周代经济的重要资料。

《论语》中记载孔子教诲学生的话，总是引导他们研究《诗三百篇》，称举了很多益处，其中之一，便是“多识于鸟兽草木之名”，这显然指出了《三百篇》又是博物词典。我们研究历史的人还要进一步认识到这部书里包含了许多古代礼仪和制度，更是考古者取材的仓库。清代学者教人读《十三经注疏》，先从《毛诗》和《礼记注疏》读起，便是这个原因。我们今天如果单为了解诗的大旨，那么宋代王质的《诗总闻》，朱熹的《诗集传》，清代魏源的《诗古微》，崔述的《读风偶识》，都可参考。至于想从其中吸取有关考证古代礼制的知识，便不可不去读《毛诗注疏》。特别是《毛传》为西汉学者的作品，是传注中比较早的本子，保存了不少遗文佚礼，值得我们重视。清儒孙志祖《读书脞录续编》，便曾经裒集那些材料写为《毛传逸典》一篇，甚可参考。再如陈奂《毛诗传疏》后，也有《毛传义类》，依据《尔雅》分类法，将《毛传》改编了一次，给予考史者的方便尤大。

《春秋》《左传》《国语》 晋杜预《春秋经传集解》，吴韦昭《国语注》，均《四部丛刊》本。

《春秋》是周末鲁国史书的旧名，相传经过孔子删订整理了一次，记载从鲁隐公元年（公元前722年）到鲁哀公十四年（公元前480年）二百四十二年的史事，为我国编年史之祖。如果从事物发生的本源来说，这种流水账簿式的编年史，起源很早。我们根据《春秋》记事的方式来看，是一条记一件事，不相联属，很像后世社会通行的流水账簿，其文句极其简短，每条最长的像定公四年所记："三月，公会刘子、晋侯、宋公、蔡侯、卫侯、陈子、郑伯、许男、曹伯、莒子、邾子、顿子、胡子、滕子、薛伯、杞伯、小邾子、齐国夏于召陵，侵楚"，也不过四十余字；最短的像隐公八年所记："螟"，只有一个字，这便是我国古代原始书籍的形式。它并不是故意要写成那样高古的样子，而是为当时的物质条件所决定的。

由于《春秋》本书过于简质，非有详细的说明和补充的叙述，很难看出当时社会活动变化的痕迹，《左传》便直接承担了这个任务。《左传》相传是左丘明所作，后人颇多非难，多谓出于战国时人之手，然就其中材料而论，绝大部分已为司马迁采入了《史记》，产生在汉代以前，断然无疑。清末康有为《新学伪经考》，只是怀疑到《左传》即《国语》的一部分，系刘歆从其中抽出者，而没有怀疑是刘歆伪造（刘歆后于司马迁一百一十年）。梁启超虽尊崇康说，但却认识了《左传》在史学上的价值和地位。梁氏列举三点说明《左传》的特色：第一，不以一国为中心，而平均叙述当时几个主要国家；第二，其叙述不仅限于政治，常涉及社会之各方面；第三，其叙事有系统、有别裁，确已成为一种组织体的著述。他并称《左传》的出现为“商周以来史界之革命”，“秦汉以降史界不祧之大宗”（见《中国历史研究法》第二章）。这种看法，是比较公允的，因此读者不必纠缠于此书究出谁手，而应着重研究《左传》的史料价值。

《国语》与《左传》是姊妹篇的著作，互为表里，所以古人称《左传》为《春秋内传》,《国语》为《外传》。其书经过汉代刘向的考校，今存二十一卷，计《周语》三卷、《鲁语》二卷、《齐语》一卷、《晋语》九卷、《郑语》一卷、《楚语》二卷、《吴语》一卷、《越语》二卷。《四库全书总目提要》称其书“所记之事，与《左传》俱迄智伯之亡，时代亦复相合”，所以二书有并存的价值。

《竹书纪年》

这是魏国旧史的一部分。公元281年（晋武帝太康二年），汲郡（今河南汲县）人发掘战国时魏襄王的墓，发现大批竹简，经过当时学者荀勖、和峤、束皙、卫恒等加以整理，写定为七十五篇，共十几万字。《纪年》十三篇，是其中最重要的一部分，为我国最古编年史之一。记载内容，上起夏、殷、周三代，下记晋国魏国事独详，止于魏襄王，称为“今王”。所以学者们考定它是魏国史官所记。因为它是用竹简写的，所以又称之为《竹书纪年》，由于其中所载史实，多与经传不合，为封建社会正统派学者所不满，此书渐渐湮晦，到了宋代，便亡佚了。从明代以来，复有伪本行世，清代学者，开始怀疑。至朱右曾出，力斥今本的不足信，并从各种旧籍中，广辑《纪年》原文，写成《汲冢纪年存真》二卷。1917年，考古学者王国维又依据朱书，加以补充和订正，成《古本竹书纪年辑校》一卷，发表在广仓学窘出版的《学术丛编》中，后又收入《王静安先生遗书》。王氏复撰《今本竹书纪年疏证》二卷，考订精审，真伪大明，学者可参考。

《战国策》 汉高诱注，通行本。

这是周末游说之士言论的总集。西汉末年，刘向校书的时候，曾加编次，并在《叙录》中指出："中书本号，或曰国策，或曰短长，或曰事语，或曰长书，或曰脩书。臣向以为战国时游士辅所用之国，为之策谋，宜为《战国策》。其事继春秋以后讫楚汉之起，二百四十五年间之事。"可知此书初无定名，《战国策》三字，明明是刘向校书时肯定下来的。内计西周一篇，东周一篇，秦五篇，齐六篇，楚、赵、魏各四篇，韩、燕各三篇，宋、卫合为一篇，中山一篇，共三十三篇。体裁与《国语》相似，故世人多取两书并称。

高氏注本，久经脱落；正文也有讹误。宋代有姚宏校正续注本（《士礼居丛书》本）。又有鲍彪注本，元吴师道为之补正（《四部丛刊》本）。清儒如黄丕烈的《札记》，王念孙的《杂志》，孙诒让的《札迻》，以及其他笔记中的考订语，都有一些精辟的见解，可参考。

《史记》:《五帝本纪》《夏本纪》《殷本纪》《周本纪》《秦本纪》《秦始皇本纪》《三代世表》《十二诸侯年表》《六国年表》《吴世家》《齐世家》《鲁世家》《燕世家》《管蔡世家》《陈世家》《卫世家》《宋世家》《晋世家》《楚世家》《越世家》《郑世家》《赵世家》《魏世家》《韩世家》《田敬仲完世家》

《通鉴外纪》 宋刘恕撰,《四部丛刊》本。世界书局缩印本附《资治通鉴》后。

刘恕曾参加司马光编集《资治通鉴》的工作。《通鉴》是从周威烈王二十三年（公元前403年）写起的。刘氏后来便就周威烈王以前事迹，加以整理，远溯上古，以成此书。本书凡《包羲以来纪》一卷、《夏纪》《商纪》共一卷,《周纪》八卷，共十卷。又目录五卷。

《绎史》 清马骕撰，浙江书局刊本。武林尚友斋石印小本。

马氏此书，搜集古史材料极丰富，纂录上古到秦末的史迹，首列世系图年表，不入卷数，次太古十卷，次三代二十卷，次春秋七十卷，次战国五十卷，次别录十卷，共一百六十卷。每事标题，详其始末，颇与纪事本末体为近。别录十卷中，一为天官，二为律吕通考，三为月令，四为洪范五行传，五为地理志，六为诗谱，七为食货志，八为考工记，九为名物训诂，十为古今人表。凡属研究古史应该注意的问题，这书都提供了一些材料，自然是最重要的参考书籍。

（乙）礼制方面的

《周礼》 汉郑玄注，唐贾公彦疏，《十三经注疏》本。

此书原名《周官》，是专载古代设官分职的政典。古人所谓“礼”，本包括了一切政治制度和国家纲纪，所以《周官》又得称为《周礼》。《周礼》这部书，是后世辨伪工作者众矢之的。推尊它的，认为是周公所作；后来又列入经部，看成神圣不可侵犯的高文典册。怀疑它的，认为是末世渎乱不验之书；甚至肯定为西汉末年刘歆所伪造。其实这两种极端对立的看法，都是错误的。首先，我们必须明白先秦古书，都不题作者姓名，并且有大部分书籍，不出于一时，不成于一手，事实上也无由题识。但是到传注家手中，便不得不补题了。传注家们掌握了一般人“尊古卑今”的心理，对原书一定要把时代拉得很远；并把作者嫁名于一个古代有大名的人物，借以抬高自己作注解的价值和地位，使世人尊重其书。东汉郑玄，替《周礼》作注解时而必说：“周公居摄而作六典之职，谓之《周礼》。”和他注《孝经》时，肯定《孝经》为孔子所作，是同样的用意（其实是七十子后学者所记，略与《礼记》相近）。儒家必把很多书籍托名于周公孔子，这和讲《本草》的必托始于神农，讲八卦的必托始于伏羲，没有什么不同。所以硬要说《周礼》是周公所作，是毫无根据的。即使周公是智周万类的人物，未必有暇著书；即使有暇著书，又何以不见引于孔孟之口？况且孟子与人谈到周代班爵禄的一些问题时，只是慨叹没有书可根据，指出当时，“诸侯恶其害己而皆去其籍”，那么，《周礼》这部书的出现，时代自然是比较晚了。而另一方面，又须注意到硬要肯定它出于刘歆之手，不独把时间拉得太晚，也未免近于武断。这种说法，不始于近人廖平的《古学考》和康有为的《新学伪经考》，而是南宋学者洪迈首先提出的。他在《容斋续笔》卷十六，说得很简要而明白。但是问题却在于远在刘歆以前，已有发现《周礼》篇章的事实和许多与《周礼》相合的书籍，不能一概抹杀，置而不论。所以连清初勇于疑古的毛奇龄，固然不信为周公所作，又力辨非刘歆所能伪造，只认为是战国时书（见所著《经问》）。其后汪中作《周礼征文》，举出了六条证据，陈澧又考得四条，肯定它必远在吕不韦之前（见《东塾读书记》卷七）。这都是比较公正的看法。

近人考定古书真伪，多沿用康有为《孔子改制考》《新学伪经考》二书的见解，来加论断。但是康氏著书的出发点，是专为鼓吹变法而作。他不独否定了古文经传，并且将孔子以前真实文物，乃至铜器上面的刻辞，都一概定为伪品。他的议论，是有所为而发的，并不是心平气和从学术出发来讨论问题的，学者们对这点必须明辨。他的学生梁启超，却不为师说所囿，他以为《周礼》虽非周公所作，而其精密的政制，伟大的计划，乃春秋以前人所梦想不到，必曾参考战国时多数国家的政制，取长舍短，加以个人之理想而后成书，而战国政制赖以保存者必不少（见所著《古书真伪及其年代》）。梁氏这种看法，比较正确。清末孙诒让所著《周礼正义》，集《周礼》之学的大成，特别是把清代考证家的精言胜义，收采无遗，替我们做了总结账的功夫，是研究古代礼制的重要参考书。

《仪礼》 郑玄注，贾公彦疏，《十三经注疏》本。

此书凡十七篇，记载了封建社会初期关于统治阶级冠、昏、丧、祭、朝、聘、射、乡诸礼仪，可以考见古代亲族关系、宗法思想，以及统治阶级一切生活方面的享受情形。由于文辞古简，过去学者便苦其难读，读者亦不能尽通。但其中《丧服》一篇，是封建社会宗法制度所从出，学者必须细观，然后可以看出两千年间通过家族组织形式来巩固君权的根柢。清代胡培翚《仪礼正义》，最详博，可参考。

《礼记》 郑玄注，唐孔颖达等疏，《十三经注疏》本。

汉以上注解和说明古书的书籍，都叫作“记”。解释《礼经》的文字，便称“《礼记》”。《礼记》到汉代已有一百数十篇，《汉书·艺文志》称为“七十子后学者所记”，多半是汉以前学者和汉代学者的写作。当时传抄的本子并不一致，现在还保存的有戴德的选辑本和他的侄儿戴圣的选辑本，后人便称戴德所录为《大戴礼记》，戴圣所录为《小戴礼记》。《小戴礼记》凡四十九篇，即今日通行的《礼记》，经过郑氏作注以后，唐初修正义时又列入五经，从此人们便偏重《小戴礼记》的诵习。其中有很多篇发挥丧服的文字，为研究宗法制度者所不可忽视。此外，如《曲礼》《内则》《少仪》，可以考知古代生活习惯；《学记》《经解》，可以推见教育原理；《礼运》《礼器》《乐记》，说明了礼乐的效用；《中庸》《大学》，发挥了政治伦理的思想。至于《冠义》《昏义》《乡饮酒义》《射义》《燕义》《聘义》诸篇，更是《仪礼》的说明书，将统治阶级制定礼仪的原意都阐述出来了，这些都是考证古史的重要材料。

以上三部书，昔人统称“三礼”。东汉学者郑玄既对《周礼》《仪礼》《礼记》三书都作了注解，又写了《三礼目录》，于是“三礼”的名称，在学术史上便固定下来了。考证古代礼制，三礼是其渊薮。《十三经注疏》中，以三礼、《毛诗》注疏为最渊博。三礼之中，须先看《礼记》，因其文辞条畅，易于索解。在看注疏时，对郑氏注谊，尤须注意，其精要处，便直接可以补经。其次唐人作疏，于礼制也考证很仔细，提供了很多精辟之论。我们今天研究古代乐律，是一件很艰深的事，便需要很好地依靠注疏。南宋学者朱熹便说过：“《礼记注疏》说五声、六律、十二管还相为宫处分明。”（见《语类》卷九十二）清儒陈澧也自言“考订声律之时，恒彻夜思之不寐。一夕，起检《礼记》五声、六律、十二宫旋相为宫正义，遂有悟入。由此入手，于诸书迎刃而解”（语载文廷式《纯常子枝语》卷二）。即此一端，便可知道注疏的功效了。

至于综合三礼，旁及群经，分类考明古代礼制，以清末黄以周《礼书通故》为最精详，与孙氏《周礼正义》同为考证古代礼制者不可废之书。

《大戴礼记》 北周卢辩注,《四部丛刊》本。

此书原本八十五篇，今存三十九篇，保存了很多远古遗文。例如《夏小正》一篇，相传是夏代遗书,《礼记·礼运篇》记载孔子的话：“我欲观夏道，是故之杞，而不足征也。吾得夏时焉。”郑玄注：“得夏四时之书也，其书存者有《小正》。”而《史记·夏本纪》也称：“孔子正夏时，学者多传《夏小正》。”由此可见汉代大儒都认定这篇书是夏代遗留下来的古籍。从首至尾，有条不紊地按十二月次第登载着星宿的出没，候鸟的往来，草木的荣萎，虫禽的鸣蛰，无疑是古代劳动人民在长期农业生产过程中，从大自然界所吸取有关时令气候的知识的一部分总结，虽不能硬说为夏代遗物，但后来《吕氏春秋》的十二月纪，便以此为蓝本，其为先秦古书，灼然无疑。其次，如《五帝德》和《帝系姓》，为探究上古世系者的重要参考，见称于《史记·五帝本纪》，近人王国维也尊信它。至于《曾子》十篇，更保存了一部分儒家思想和议论。这一类的文字，都是依靠着汉人留传下来的，断不能因为《礼记》是汉儒所编订，便一概认为那里面的材料都是汉人作品。

《史记》八书

《汉书》十志

《史记》中的《天官书》《河渠书》,《汉书》中的《天文志》《五行志》《地理志》《沟洫志》，似乎不属于礼制的范围，然实与礼制息息相关，必宜涉览。

《尔雅》 晋郭璞注，清邵晋涵正义，郝懿行义疏，通行本。

此书虽为训诂的正宗，同时也是名物的渊薮。《释亲》可以证丧服，借以考见古代家族组织和婚姻关系；《释宫》《释器》可以说明古人居处饮食衣服器用的形状和制度；《释天》便涉及了祭祀；《释地》便略载了物产：这都是我们研究古史的人们必须重视的材料。

《说文解字》 汉许慎撰，清段玉裁注，通行本。

此书在说明造字本义时，介绍了大批史料。近人程树德有《说文稽古篇》，可参考，但其书不甚善，似可改作。清儒朱骏声，曾依《尔雅》十九类，将《说文》九千余字分类编抄了一次，名其书为《说雅》，附刻在《说文通训定声》之后，最便学者，可取其中《释亲》以下诸篇，详加究绎。有不解者，可参看近人丁福保所编《说文诂林》。

《白虎通义》 汉班固撰，清陈立疏证，商务印书馆国学基本丛书本最便。

此书虽著录于《隋书·经籍志》，不载作者姓字，至《唐书·艺文志》始题班固名。考其实大约是东汉诸儒考论五经同异于白虎观时的一种集体创作，班固不过总其成而已。全书将典章礼制、名号爵谥分为四十四门，虽多系今文家旧义，但汉代经师旧说，多赖此保存其梗概。清代陈立疏证，考核极精。又孙诒让有《白虎通义考》上下篇，载《籀庼述林》卷四。刘师培有《白虎通义斠补》《白虎通义定本》《白虎通义源流考》《白虎通德论补释》诸种，均刊入《刘申叔先生遗书》中，可参考。

《礼书通故》 清黄以周著，浙江书局本。

《周礼正义》 清孙诒让著，商务印书馆国学基本丛书本极便。

二书成于清末，总结了清代朴学家们考证礼制的成果，解决了许多纠纷的问题，必须详究。

（丙）思想方面的

《周易》 魏王弼、晋韩康伯注，唐孔颖达等疏，《十三经注疏》本。

这是我国古代阐明事物变化原理的书籍。唐人修《周易正义》时，开首便说："夫易者，变化之总名，改换之殊称。"所以它的内容，完全是"变"和"动"的哲学。但是它又肯定变动之中，还有不变不动的因素存在。《正义》引郑玄《易论》云："易一名而含三义：易简，一也；变易，二也；不易，三也。"可知汉儒早已抓住了这部书的中心思想。如果拿所谓"变易"和"不易"的原理施用到人事方面来，那么社会一切制度仪文器服，是可因时而变的；至于君君臣臣父父子子，以及亲亲长长、男女有别的封建秩序，是永远不可变革的。这种思想，显然是进入阶级社会以后，统治者们为着巩固自己的权位而创造出来的一种哲学，作为他们长期维持那统治和服从的社会秩序的理论根据。相传孔子一生最喜研究这部书，甚至把编束竹简的牛皮带子都弄断了好几次（韦编三绝）。他曾抒写心得，又大加发挥，作出了十篇文章以为原书的辅翼，所以称为“十翼”。他在系辞中首先提出：“天尊地卑，乾坤定矣；卑高以陈，贵贱位矣。”似乎把社会上统治与服从的秩序看成天造地设永不可变的形式，这和其他书籍所载孔子平日言论，是相符合的。即使这种文字不一定出于孔子之手（宋人已疑“十翼”非孔子作），也仍然是孔子哲学的根本所在，所以研究古代儒家思想的，不可不探源于此书。

初学忽然看这书，是感到无从下手的。现在且将书中内容，略为说明。开卷是乾卦，即以乾卦为例：乾卦本来只有三横画，其形为“☰”，是八卦中的一个，后来再叠上三横画，其形为“䷀”，便成为六十四卦中的一个。那一横一横的叫作“爻”，每卦有六爻。爻分阳爻（⚊）和阴爻（⚋）。乾卦六爻都是阳，坤卦六爻都是阴，其余都是阴阳相杂。乾卦下面第一句话：“乾，元亨利贞。”后人称为“卦辞”。下面接着说：“初九，潜龙勿用；九二……九三……九四……九五……上九……”，后人称为“爻辞”，说明每爻的意义。

所谓“初”，是从下面第一爻数起的；所谓“上”，是数到最高一爻的名词。凡阳爻都称“九”，阴爻都称“六”。如果下面第一爻是阴爻，便称“初六”；第六爻是阴爻，便称“上六”。而乾卦六爻都是阳，所以用初九、九二、九三、九四、九五、上九，来定它的爻位。其余的卦，可以类推。

此外，尚有十种文辞用以解释《周易》的。后人既称《十翼》，也称《易传》，或《易大传》(用以称《系辞》)。其中《彖辞》《象辞》《系辞》三篇，各分上下，便成了六篇；再加《文言》《说卦》《序卦》《杂卦》，便成了十篇。像这样复杂而丰富的内容，自然不是出于一人之手，也不是成于一时的作品。由于《周易》主要说明天地万物变化运动的道理，包含着朴素的辩证法原理，什么思想都可依附它、假托它，因之魏晋人清谈玄理，便直接称《周易》和《老》、《庄》为“三玄”。这仅仅依附到它的哲理的一方面，断不能说它是老庄思想的根柢。

易道精深，最难理解。初学读易，可先看刘师培《经学教科书》第二册，以为入门之阶。注本宜先读宋程颐《易传》，再参以《周易注疏》。清儒研究《周易》的，以焦循成绩最大，他用归纳的方法，以易证易，实事求是，颇富有科学精神，所著《易章句》十二卷、《易通释》十二卷、《易图略》八卷，合称焦氏《易学三书》。其次，如姚配中的《周易姚氏学》，创见极多，足以发人智慧，学者并宜参览。若欲进一步探索唐以前旧义，便有唐人李鼎祚的《周易集解》，搜采最多，可供研绎。

《论语》

《孟子》

此二书皆系门弟子所记，是后世语录的开端，凡孔丘、孟轲思想言论行事，俱可从此考见其详。后世研究儒家哲学，必以此二书为依据。但经过宋以来理学家们空谈心性以后，所谓孔孟教人的规模和方法，不免有些失去了原来的意思。清儒戴震作《孟子字义疏证》和《原善》，焦循作《论语通释》，阮元作《性命古训》、《论语论仁论》和《孟子论仁论》诸篇（二篇载《揅经室一集》卷八卷九），都直接根据先秦古书和孔孟言论，实事求是地做了一番整理研究功夫，使古人原来的见解与其主张，不为后世之言所杂。这种方法，是一种极其缜密的客观的科学方法。考求古代儒家思想的，必熟览此数书，才能穷其根柢。至于初学读《论语》《孟子》，仍以采用朱熹的《集注》为宜，一则由于浅明易懂，二则因《集注》本身，便是研究宋代儒家思想的主要书籍。

《荀子》

自孔子以后，儒家以孟、荀为大，孟轲卫道之言为多，荀况传经之功最巨。从两千年间儒学体系来说，汉代学者做学问的风气，接近于荀子的道路；宋代学者做学问的风气，接近于孟子的道路。学者研究儒家学派，必从这里面得出它的同和异，才能找出两种学说对后世的影响。今人梁启雄《荀子柬释》，甚好。

《管子》

此书内容，包含很广，昔人或列入道家，或列入法家，乃至儒、杂、兵、农、纵横家言，无所不有，是研究古代思想的重要典籍，书中涉及制度的地方，更足以供治古史的人们所取证。但文字脱乱处极多，不易理解。清儒戴望有《管子校正》，张佩纶有《管子学》，日本人安井衡有《管子纂诂》。今有郭沫若等所纂《管子集校》，荟萃众说，远胜旧注。

《墨子》

墨学，与儒家在战国时并称显学（见《韩非子》），而深为儒家所攻击（见《孟子》）。其后儒家学说盛行于后世，于是墨学便隐微不彰，所以书中脱字阙文也特别多。经过清儒整理后，渐可诵习。疏证文字，以清孙诒让《墨子间诂》为最精（1954 年中华书局版）。称说大义，以曹耀湘《墨子笺》为最善（湖南官书处排印本）。近人张纯一集诸家注谊为《墨子集解》（医学书局印行），最便学者。

《老子》

《庄子》

汉以上称“黄老”，魏晋以来始称“老庄”。黄老并称，本以施之政治，至于老庄，便专趋重旷逸，范围本有广狭的不同，断不可并为一谈。申说老子思想的书，以清代魏源的

《老子本义》为最精。至于《庄子》，晋代郭象注甚好，清郭庆藩《庄子集释》发挥旧注很详尽，单就研究庄子的思想而言，胜于王先谦的《庄子集解》。

《韩非子》

韩非是荀子的学生，荀子言“礼”，而韩非言“法”。其后秦代一切设施，大部分可从韩非书中找出它的根柢。清末王先慎有《韩非子集解》，颇明晰可用。

《吕氏春秋》

此书集周秦诸子思想之大成，是吕不韦集合当时知识分子共同写成的一部著作。今本凡十二纪、八览、六论。纪所统子目六十一，览所统子目六十三，论所统子目三十六，共一百六十篇。这样的编次，恐不是原本的旧秩第。清儒梁玉绳说：“《史记十二诸侯年表序》及《吕不韦传》并云：‘著八览、六论、十二纪。’以纪居末，故世称《吕览》，举其居首者言之。今《吕氏春秋》以十二纪为首，似非本书序次。”（见《吕子校补》）这种推断，是正确的。再就古书体例来看，《自序篇》多摆在书末。今观《序意》在十二纪之尾，更是一个很显明的证据。其次，古人省略书名，也是挈举首篇来概括全书，由于八览在前，所以简称《吕览》，这也是一个坚而有力的说明了。所幸文字尚完好，一百六十篇差不多总结了周末思想界各种各样的见解，其中特别保存了很多早已散佚了的材料。例如《士容论》中的《上农》《任地》《辩土》

《审时》诸篇，便是古代农家言，借此可以考见我们祖先在农业生产方面的知识和经验，是极可宝贵的记载。推之其他百家，莫不如此，所以研究古代思想，必以此书为钩沉搜佚的渊薮。近人许维遹有《吕氏春秋集释》（排印本），考证甚详。

《屈原赋》

从《汉书·艺文志》列《屈原赋》二十五篇于《诗赋略》之首，后世目录家便都把它摆在集部的总集类，或者把它单独在集部自立一门，这种安置，是不很妥当的。我曾经看到一部传抄本谭复堂（廷献）手批《书目答问》，他认为"《楚辞》当入诸子后，别为一家，不可入集部"，这见解确很卓越，充分体现了"辨章学术、考镜源流"的宗旨。今依其言，改附诸子之后。

初学不可把《屈赋》和《楚辞》并为一谈。《楚辞》是西汉末年刘向裒集屈原、宋玉、景差、贾谊、淮南小山、东方朔、严忌、王褒和他自己的作品，而编成的一部总集，这名称也是刘向新加上的。《屈原赋》二十五篇，不过是其中的一部分，凡《离骚》一篇，《九歌》十一篇，《天问》一篇，《九章》九篇，《远游》《卜居》《渔父》各一篇。除了文艺价值外，它还蕴蓄着极崇高的理想与热爱祖国和人民的感情，所以从研究思想的角度来看，这种文字，也自然是周末的代表作。

其次，在他的写作中，还保存了许多古代人名地名、方言土俗，更成为可以考证古史的好材料。例如《天问篇》有云："该秉季德，厥父是臧。胡终弊夫有扈，牧夫牛羊？"王国维考释殷虚文字中的"王亥"，认为即是《天问篇》中的"该"，而"季"的名称，也发现于甲骨文。王氏以为即是"王亥之父冥"（说见《戬寿堂殷虚文字考释》）。因此在考证古史上取得了有力的佐证。周秦古书传于今日的本已不多，像这种可信的史料，应该是人们所重视的。初学可采用朱熹的《楚辞集注》。

《史记》：《孔子世家》《仲尼弟子列传》《管晏列传》《老庄申韩列传》《孟荀列传》《屈贾列传》《儒林传序》《太史公论六家》（在《太史公自序篇》中）

《汉书·艺文志》

以上所举关于考证古史的纸上材料，已经够繁多了。大部分是属于经传诸子的范围，文辞古朴，义理艰深，初学必然对之望洋兴叹，无从下手。尤其是一般青年人，总以自己对本国古典文学全无素养，连一部"经书"都没有读过，何由高谈研究古代史？这种顾虑，在今天是应该设法解除的。我从来勉励有志读书的青年，不要因为过去没有读过经传，便颓然自沮，只要肯尽心先读一部《史记》，便包括了无数经传。因为《史记》是周秦古书的节删本子，也是研究中国古代史最全面最可靠的材料；况且周秦古书都经过司马迁用汉代语言文字翻译了一遍，我们读汉人文字，要比看原书容易懂多了。不独大部分《尚书》材料，采入了《史记》五帝三王本纪；其他如《左传》《国语》便散在《列国世家》；一部《论语》，便收入《孔子世家》及《仲尼弟子列传》。至于《史记》中的《礼书》和《乐书》，便提挈了礼乐的纲领；诸子列传，便成为了周秦诸子学的叙录。学者但将《史记》熟读，无异乎把汉以前的政治、礼制、思想各方面的知识，都已接受无余，至少也对它有了一个概括的明确的认识，再去研究原书，自然事半功倍。

附记　关于中国古代史经济方面的史料问题

历史科学，是把生产方式发展的情形，即生产力和生产关系发展的情形，看作人类历史运动终极和最一般的原因。决定社会由这一制度发展为另一制度的根源，都应该在生产方式中、物质生产过程中、社会经济生活中去寻找。所以研究分析各种社会的经济现象，自然是学习历史的中心任务和最主要的工作。

但是我国汉代以前的书籍里面，很少有记录远古经济现象的专门写作，这诚然是今日研究中国历史特别是研究古代史的莫大缺憾。即使有些零散的材料，也都保存在别的书里，成为它的一篇或一章。例如，《诗三百篇》中的《七月》《楚茨》《南山》《甫田》《大田》等篇，描绘了周代生产情形和农村景象。《吕氏春秋·士容论》中的《上农》《任地》《辨土》《审时》诸篇，保存了我们祖先在农业生产方面的知识和经验。其次如《尚书》中的《禹贡》(战国末年人作品)，广泛谈到田的优劣、赋的等级、土壤的好坏、物产的品类，是一篇很完整、很全面、有系统、有条理的古代自然地理和经济地理的说明书。《大戴礼记》中的《夏小正》(汉以前学者所录)，总结了我们祖先在生产实践中所掌握的天文知识。《管子》中的《地员篇》，总结了我们祖先在生产实践中所掌握的土壤、种植等知识。《周礼》中的《考工记》，总结了古代手工业的生产情形和科学成就。这些都是研究中国古代经济现象的重要资料。

由于上述材料，从来既没有抽出单行，也没有人把它们综合编为一部书，只好附着原书介绍出来。在介绍纸本书籍时，由于有关中国古代经济方面的材料太少，不能自立门类，也只好就纸本书籍的实际义例，暂分为政事、礼制、思想三大类加以介绍。这种分类不一定妥当，但是限于先秦古书的具体内容，只好如此。

马克思列宁主义政治经济学告诉我们：必须从生产关系上来了解社会经济；在阶级社会里，必须从阶级关系来了解社会经济。一切经济范畴都是一时代生产关系的产物，在阶级社会里，经济范畴是这一时代阶级关系的产物；如果离开这种生产关系与阶级关系，便不能理解经济范畴，不能把握经济范畴的本质。根据这种理论，可知研究分析各种社会经济现象的工作，也还是多方面应该注意的。上面所胪列的政事、礼制、思想三大类书籍，都是阶级社会里的产物，可从其中考见统治者与被统治者之间的关系，更进一步去了解当时社会经济。那么，材料自然不嫌窘乏了。希望有志研究中国古代史的同志们，把史料推廓来看，切莫为几个标题所拘。

第三章　百科全书式的通史

第一节　通史所肩负的任务和它的体例

书籍的可贵，是由于它是人类思想的记录。人类生活的全部经验，人类活动的过程，都在书籍中留下了痕迹。正确的知识，就是正确地总结了人类各方面经验而取得的理论。每个人从日常生活、工作和实际斗争中，可以由分析和总结经验而直接获得许多知识，但是由于一个人的接触面究竟有限，不可能事事直接经验，因此就有间接参考别人的以至全社会的经验总结的必要，这便是人们必须读书的原因。

然而在我们伟大的祖国，有着五千年以上的悠久历史，前人总结经验的书籍太多了，真有“穷年莫究累世莫殚”的趋势。不独一个人的精神岁月，不可能遍读天下之书；连书籍的名目，也很难尽记。况且在我国历代反动统治时期，所有书籍的内容，绝大部分是围绕着统治阶级、为统治阶级的利益来写作的，所总结的也都是统治、压迫、剥削人民的经验；至于一般平民生活情形，生产和阶级斗争经验，社会风俗习惯，以及自然界一切变化的知识，这些记载是很少很少的。求知的范围，既已这样广泛；而中国古代历史书籍又存在着很多严重的缺点，教一个人从散漫凌杂茫无头绪的书籍和材料中，去盲目从事研究，虽穷毕生精力，日夕不休，是断然不会也不可能有所成就的。这便十分迫切需要一部观点正确的总结性的百科全书式的书籍。它以一部书，统括若干部书，包含了应有的正确的知识，用科学的方法把旧有的材料删繁就简，使成为有系统有剪裁的书籍。这对节省学者的时间和精力，帮助学者接受正确的知识和经验，是有着极大好处的。

这种艰巨的工作，我们祖先在两千年以前，便有人发愿做过。虽然由于历史条件的限制，不可能克服古代历史书籍中存在的根本缺点，但在作者的努力下，仍然产生了伟大的作品。这便是公元前 91 年（汉武帝征和二年），大史学家司马迁写成的一百三十篇、五十二万六千五百字的巨著《史记》。人们一提到《史记》，总以为仅仅是最重要的史学名著，是纪传史之祖；其实这部书，通贯古今，包罗万象，同时也是一部百科全书式的知识宝库，汉武帝以前社会变化和自然变化的现象，都被它记录无遗了。它的内容：以人物为中心的，有十二《本纪》，三十《世家》，七十《列传》；以年月为中心的，有十《表》；以事物为中心的，有八《书》。大部分写作，虽致详于社会变化和人事活动方面，但像八《书》中的《天官书》《历书》便谈天文算法，《河渠书》便谈水道地理，列传中的匈奴、南越、东越、朝鲜、西南夷、大宛等传，便完全记载边远地区其他民族的山川、地域、风俗、人情了。

即以记载人事而言，向来历史是以统治者的活动为中心的，但是司马迁却开始注意到全社会其他事物的重要。他知道大官僚、大地主、大知识分子固然是封建社会的主要人物，而一般下层分子如刺客、求签问卦之徒，以及俳优、姬妾等，也同样是人类活动中发生着作用的分子。所以他在《史记》中注意抒写社会的全面，酷吏、游侠、佞幸、滑稽、日者、龟策、货殖、外戚、循吏、儒林等，都同时写为列传，并载于书，在体例上这自然是他卓越的创造。

司马迁所采取的材料，极其广泛。首先由于他的父亲司马谈为太史令，掌管国家图书，父子相继任职，自然可以饱览异书秘籍，为整理史事提供了优越条件。有了如他自己所说“天下遗文古事，靡不毕集太史公”的特殊环境，而后才能从事于“网罗天下放失旧闻”的工作。他所接触的材料，大概可分为两大类：一部分是旧有已经整理成编的书籍，如《诗》《书》《左传》《国语》《世本》《战国策》《楚汉春秋》之类；而另一部分，是一堆没有经过整理成编的零散材料，如《史记》中所称《谍记》《历术》《甲子篇》《禹本纪》《秦纪》之属。至于《秦楚之际月表》所称"太史公读秦楚之际",《高祖功臣侯者年表》所称"余读高祖侯功臣",《惠景间侯者年表》所称"太史公读列封",《儒林列传》所称"余读功令",那更是指当时文献档案一类的东西。由此可见司马迁在写这部百科全书式的《史记》的过程中,对于史料的搜集是从多方面分途并进的。自从《汉书·司马迁传赞》称:"司马迁据《左氏》《国语》,采《世本》《战国策》,述《楚汉春秋》。"后人便说他所根据的材料,不出这几种。郑樵在《通志总序》上甚至指出:"亘三千年之史籍,而局蹐于七八种书,所可为迁恨者,博不足也。"这种评论,只看到司马迁当日取材的一面,而没有看到其他多方面,对于这部书取材的广博,是仍然缺乏认识的。

司马迁当时为着要写一部百科全书式的书籍,不独要将社会变化和自然变化的现象,全部记录进去;而且还要将诸子百家学说,足以反映某一时代文化思想的议论,用提要钩玄的方式,通过列传,来介绍给全社会。例如《管晏列传》中说:"既见其著书,欲观其行事,故次其传。至其书,世多有之,是以不论。"《老庄申韩列传》中说:"申子韩子,皆著书传于后世,学者多有,余独悲韩子为说难,而不能自脱耳。"《司马穰苴列传》中说:"穰苴区区为小国行师,何暇及司马兵法之揖让乎!世既多司马兵法,以故不论。著穰苴之列传焉。"《孙子吴起列传》中说："世俗所称师旅，皆道孙子十三篇，吴起兵法世多有，故弗论；论其行事所施设者。"《孟子荀卿列传》中说："自如孟子至于吁子，世多有其书，故不论。"由此可见，司马迁深恐世人对于诸子百家的书籍，读其书而不知其人，所以替他们完成列传，实际上是替他们的书籍各作一篇叙录，这便开辟了后世"学术史"的道路，对保存文化遗产，有着重大的作用。

根据上面所称举的几点来看，这部百科全书式的巨著的内容，真是够丰富了。司马迁只能写到他生存的时候（汉武帝时）为止，无疑地他很希望后人续修己书，以至于无穷。但是有如《四库提要》所说："其例总括千古，归一家言，非学问足以该通，文章足以熔铸，则难以成书。"（《通志提要》）所以司马迁以后两千年间，勇于以这工作自任的，也就不多了。公元六世纪初，梁代开国的统治者萧衍（梁武帝），曾经领导他的臣下，写成六百卷的大部书，正式标出了"通史"的名日。《梁书·吴均传》称："均将著史以白名，私撰《齐春秋》，坐免职。寻有敕召见，使撰《通史》，起三皇，迄齐代。均草本纪、世家功毕，唯列传未就，普通元年卒。"（普通元年当公元520年）。又《萧子显传》称："高祖尝从容谓子显曰：我造《通史》，此书若成，众史可废。"又《武帝本纪》载"太清二年（公元548年），《通史》成。躬制赞序，凡六百卷。"可知当时吴均修此书，虽未成而早死，但在他死后二十八年，还是完成了这一工作，这无疑是多数知识分子的集体创作。这部书因为是在统治者的命令和亲自指导下修成的，所以《隋书·经籍志》直题“梁武帝撰”。《史通·六家篇》称：“其书自秦以上，皆以《史记》为本，而别采他说以广异闻。至两汉以还，则全录当时纪传。而上下通达，臭味相依。又吴蜀二王，皆入世家；五胡及拓拔氏，列于夷狄传。大抵其体皆如《史记》，其所为异者，唯无表而已。”这书虽不传于后世，但从这里也可想见其义例的大概了。

在公元十二世纪初期，当宋高宗赵构时代，大史学家郑樵（福建莆田人），“好著书，不为文章，自负不下刘向、扬雄，居夹漈山，谢绝人事。久之，乃游名山大川，搜奇访古，遇藏书家必借，留读尽乃去”（《宋史》本传）。郑氏自言十年为经旨之学，三年为礼乐之学，三年为文字之学，五六年为天文地理之学，为虫鱼草木之学，为方书之学（见《献皇帝书》）。他既积累了二三十年的功夫，在学问方面奠定了雄厚的基础，便有志独修通史。他曾经说过：“樵欲自今天子中兴，上达秦汉之前，著为一书，曰通史。呜呼！三馆四库之中，不可谓无书。然欲有法制可为有国家者之纪纲规模，实未见其作。”《寄方礼部书》又说：“集天下之书为一书。”又说：“竹头木屑之积，亦云多矣，将欲一旦而用之。”（俱见《上宰相书》）据此可知他平日留心搜集的材料，已经不少，很想把它整为一部总结账式的大著作，所谓“集天下之书为一书”，充分说明了百科全书式的编纂方法，这是十分伟大而艰难的任务。

由于郑樵生长在偏僻的穷乡，不容易找到书籍，尽管他闭户读书三十年，自己还嫌太简陋，于是出门游览名山大川又十年。在他《上宰相书》中所谓“三十年著书，十年搜访图书”，便指出了他在研究过程中，是怎样坚苦卓绝地和困难作斗争。等到游罢归来，年龄已老，不幸在五十九岁时便死去了。虽有远大志愿，无从实现。今天所流传的《通志》二百卷，只有《二十略》是他精心结撰之作，包括氏族、六书、七音、天文、地理、都邑、礼、谥、器服、乐、职官、选举、刑法、食货、艺文、校雠、图谱、金石、灾祥、昆虫草木等二十门类。几于天地万物，无所不包。由于他年命短促，这部伟大著作来不及依照他原来理想中的计划来完成；而只能在很忙迫的时间内整理就绪。又其中纪传，大半是删录诸史而成，遂为后世所訾议。其实，“《通志》精要，在乎义例；原不以考据见长”（章学诚语）。后人定要吹毛求疵，是不很公平的。

本来，从班固以后，修史的先生们，断代为体，每一朝代，都有一部总的记录。特别是从唐初设馆修史，便成为历代开国时的成规，前后相续。所谓“二十四史”，已成为一系列的记载，还需要什么“通史”呢？通史和断代史的区别何在？通史最大的用途为何？这都是值得明确的问题。郑樵《通志总序》谈到断代史的毛病说过：

> 语其同也：则纪而复纪，一帝而有数纪；传而复传，一人而有数传。天文者，千古不易之象，而世世作《天文志》；洪范五行者，一家之书，而世世序《五行传》。如此之流，岂胜繁文？语其异也：则前王不列于后王，后事不接于前事。郡县各为区域，而昧迁革之源；礼乐自为更张，遂成殊俗之政。如此之类，岂胜断绠？曹魏指吴蜀为寇，北朝指东晋为僭；南谓北为索虏，北谓南为岛夷。齐史称梁军为义军，谋人之国，可以为义乎？《隋书》称唐兵为义兵，伐人之君，可以为义乎？房玄龄董史册，故房彦谦擅美名。虞世南预修书，故虞荔虞寄有嘉传。甚者桀犬吠尧，吠非其主。晋史党晋而不有魏，凡忠于魏者，目为叛臣；王凌、诸葛诞、毋邱俭之徒，抱屈黄壤。齐史党齐而不有宋，凡忠于宋者，目为逆党；袁粲、刘秉、沈攸之之徒，含冤九原。噫！天日在上，安可如斯！似此之类，历世有之，伤风败义，莫大乎此。

这里指出断代史的大弊有三：第一，无论在叙述人事还是制度文物方面，都难避免重复；第二，前后又有隔绝不相连贯之处；第三，修史者各站在本朝统治者的立场说话，没有一定的是非标准。后来章学诚《文史通义 · 释通篇》更明确提示："通史之修，其便有六：一曰免重复，二曰均类例，三曰便铨配，四曰平是非，五曰去抵牾，六曰详邻事。其长有二：一曰具剪裁，二曰立家法。"这都是一种极有意义的建议。但就叙事方面而论，有了通史，便可综合群史，删繁就简，写成有系统有条理的本子，可以减省学者的精力和时间。至于包罗万象，成为如郑樵所说"集天下之书为一书"，那更便利学者，在继承五千年文化遗产方面，起了传递和翻译的作用，在今天仍然是十分迫切需要的。我们祖先，早在两千年前，为《通史》的写作开辟了道路，创造了条例；现在仍有待于学问渊博、识断精审的学者们运用马克思列宁主义的观点努力去做，以期能有合乎理想的通史出现。

第二节　编纂通史的创始者司马迁和他的著作《史记》

司马迁，字子长，公元前 145 年（汉景帝中元五年）生于现在西安附近的地方（汉时属左冯翊的夏阳）。等到他长大了，恰当西汉全盛的时期——汉武帝时代。他出身于世代做官的家庭，他的父亲司马谈是一位学问渊博的太史令。那时太史令的职务，除管理国家图书以外，还要掌握关于自然变化的天文知识，但是他的父亲除精通天文历算之学以外，还明于古文经传和诸子百家的学说。据司马迁《自序》中谈到当时“天下遗文古事，靡不毕集太史公”。有了这样好的可以读书的条件和环境，所以司马迁“年十岁则诵古文”，读了不少的书籍，积累了多方面的知识。但是司马迁不愿关在房里读死书，立志游览天下名山大川，据他《自序》所记：“二十而南游江、淮，上会稽，探禹穴，窥九疑，浮于沅湘，北涉汶泗，讲业齐鲁之都，观孔子之遗风，乡射邹峄，厄困鄱、薛、彭城，过梁楚以归。”这一次大旅行，走遍了东南和中原一带的地区。他并不是漫无目的地出游，他除了纵观山川形势以外，还探访了古迹，采集了传说，很细心地做了调查研究的工作。所谓“上会稽，探禹穴”，便是到了浙江绍兴县南的会稽山，游过了山洞，探访夏禹的遗迹。“窥九疑”，便是由浙江到了湖南的南部宁远县境，爬上了九疑山，凭吊虞舜的葬处。“浮于沅湘”，便是顺湘水北下，到了长沙，悼惜屈原、贾谊。“北涉汶泗”，便又北上访问了儒家根据地齐鲁，在这儿盘桓最久，深深体会到孔子教化感人之深，并且还演习了礼仪。这都是他通过旅行来实地调查访问古代史迹的成绩。其次，当他经过汉初重要人物的出生地时，必留心采访他们贫困时的遗闻逸事，来丰富自己的见闻。例如他初到淮阴的时候，听到人家说：韩信微时，志不在小，当他母亲死了，虽无以为葬，却不顾一切营求到墓旁可住万家的葬地。司马迁便亲自去参观了韩信母亲的坟墓，而后信其言之不虚。

特别是司马迁“厄困鄱、薛、彭城”的时期，徘徊在山东南部和江苏北部一带，更深入了汉初史迹的宝库，刘邦、萧何、曹参、周勃、卢绾、樊哙、夏侯婴（滕公）、周昌、周绁都出生在这一地区，给予他博访周咨的机会。他从采访汉高祖在乡间好酒色的故事以外，还对这般人屠狗卖缯的生活，做了仔细的调查，并且参观了萧何、曹参、樊哙、滕公的葬地，后来他整理游历时期的所见所闻，都写入了自己的著作。由于他在少年时搜集了极丰富的实际资料，便替自己的著作，准备了生动、具体、感人的条件。

司马迁少年出游的足迹，几乎走遍了全中国。《史记·五帝本纪》中说：“余尝西至空峒，北过涿鹿，东渐于海，南浮江淮。”后来回到西北以后，做过汉武帝的郎中，并曾一度“奉使西征巴蜀以南，南略邛笮昆明”（《自序》）。这又深入了西南地区。可说在当时中国范围以内的地区，他都游历到了。这对开阔他的胸襟和眼界，起了很大的作用。后来他的父亲死了，在他三十八岁的时候，继承他父亲的职务，做太史令，于是“绌史记石室金匮之书”，得有机会饱览国家图书馆里的秘书要籍，来从事于“悉论先人所次旧闻”的整理工作，到他四十二岁时，当公元前 104 年（汉武帝太初元年），开始了《史记》的写作。

照他《自序》篇所说，编写这部书的动机，是由继承他父亲的遗志而努力去做的。他的父亲在晚年曾经有一次很沉痛地教导他说："幽厉之后，王道缺，礼乐衰，孔子修旧起废，论《诗书》，作《春秋》，则学者至今则之。自获麟以来，四百有余岁，而诸侯相兼，史记放绝。今汉兴，海内一统，明主贤君忠臣死义之士，余为太史而弗论载，废天下之史文，余甚惧焉。汝其念哉！"在当时他很难过，并且答应了："小子不敏，请悉论先人所次旧闻，弗敢阙。"（俱见《自序》）可见他父亲在时，已经有一部分经过搜集排比了的资料，司马迁凭借这已有的底本，而更加充实扩大，写成有系统有条理的著作。

恰逢其时，汉武帝刘彻好大喜功，当经营西域告一段落之后，就转而再注意到匈奴，又想趁伐大宛的余威，去伐匈奴。在公元前99年（天汉二年）五月，对匈奴再用兵，以贰师将军李广利为将，率领三万大军，由酒泉出兵。这时却有李广的孙子李陵，想趁这机会立功。统治者最初吩咐他跟着李广利照料运输的工作，李陵却自告奋勇，请求独领一军出居延，以击匈奴。武帝便给与步兵五千，结果，寡不敌众，李陵大败投降。消息传到了朝廷，汉武帝大怒，文武百官，也都谴责李陵，司马迁却替他辩白，认为"虽古名将不能过"，汉武帝误会了司马迁的意思，以为是单替李陵游说，而想嫁祸于李广利，便无情地将司马迁交给狱吏治罪。后来汉武帝听说李陵在教匈奴练兵，准备和汉军对敌，更大怒不可止，立刻将李陵妻子杀光，同时处司马迁以极残酷的腐刑。

司马迁遭受了这次奇耻大辱，他的身体也残毁了。徒然念到他的著作，“草创未就，适会此祸”，所以“受极刑而无愠色”，想保全一息的生命，来完成那艰巨的工作。经常拿过去不得志于时而从事著书的古人，像“西伯拘羑里，演《周易》；孔子厄陈蔡，作《春秋》；屈原放逐，著《离骚》；左丘失明，厥有《国语》；孙子膑脚，而论《兵法》；不韦迁蜀，世传《吕览》；韩非囚秦，《说难》《孤愤》”这一类的事实，聊以自慰，来刺激自己埋头写作的精神。他从整理史料，到写定成书，大概前后有十五年的光景。

司马迁的这部伟大著作写成以后，在他《自序》篇中但云：“凡百三十篇，五十二万六千五百字。”在《报任安书》中也只说：“凡百三十篇，亦欲以究天人之际，通古今之变，成一家之言。”都没有说出这部著作的名称是什么，西汉末年的学者桓谭，在所著《新论》（已佚）中提到这问题，以为“太史公造书成，示东方朔，朔为平定，因署其下。太史公者，皆东方朔所加也”（见《史记·孝武本纪》索隐引姚察说）。古人著书，不先自定书名，这是常有的事。近人王国维《太史公行年考》认为史公原书但有小题（每篇篇名），而无大题，这话是正确的。汉代学者，谈到这部书，但称“太史公记”，或称“太史公书”，或称“太史公传”，或直称“太史公”，而没有人称它为“史记”。加以司马迁在自己写作中间称“史记”的地方凡七八处，大抵泛指“列国史记”而言，当然他自己的书，不会采用这名号。后世省约“太史公记”四字的名称，成为“史记”二字的简称，这却也很晚。从唐初学者修《隋书·经籍志》以“史记”标题以来，到现在一千多年了，虽不是司马迁的原题，我们也只得循用这称号来分析那里面的内容。

人们都肯定了《史记》是一部伟大的著作，但是如果要深入地了解它所以伟大者何在，便必须仔细地从这部书总的精神方面，以及关于组织材料的特殊成就，抽出来做简要说明。这里先就总的精神方面，举列《史记》的四大特点：

第一，善于综合过去一切旧资料，经过改造制作功夫，成为有系统的新东西。

首先，从它的体例方面看，大家都知道它是纪传体之创例，但是所谓“本纪”“世家”“列传”“书”“表”这些体裁，并不是他自己一个人单凭主观想象拟定的，而是沿袭了过去的旧体制从多方面综合而成的。“书”的标题，本于《尚书》，“表”的创立，源于《周谱》，这都已经前人指出了。至于《大宛列传》赞称：“《禹本纪》言河出昆仑。”又称：“《禹本纪》《山海经》所有怪物，余不敢言之也。”《卫世家》赞称：“余读世家言。”可知“本纪”“世家”的名目，在司马迁以前，早已有了。司马迁不但沿用其名，并且还参考了那些材料。谈到列传，更凭借了大部分的旧传来作根据，七十列传，头一篇《伯夷列传》便提出“其传曰”三字来总起下文，他当日必然是看到伯夷、叔齐的旧传而后动笔的。由此可见，本纪、世家、列传、书、表，都不是由他创立的名目，他只是凭借原有旧名，把它们归入一部书内，成为前此未有的综合体形式。这自然是他的创例，也就是他对史学的巨大贡献和功绩。

从它的组织材料方面看，也是从多方面综合已有的旧文献加以整理剪裁，成为文体一致、形式整齐的新著作的。除吸取了六艺经传的传统知识，诸子百家的学说议论以外，还搜集不少的杂书野史，以及当日公文档案之类，连他自己周游天下耳闻目睹所接触到的一些事实，都写入了自己的著作。特别在采用古代原始材料时，司马迁更费尽心力地做了一番改造制作的功夫，这在过去称为“熔铸”“剪裁”，使来自不同时间和不同地区的材料，熔于一炉，这是司马迁的绝大本领。

第二，对于叙述史事，采取详近略远的原则，绝不纠缠于荒远无稽之谈。

《史记》虽从黄帝写起，但司马迁却很谨慎地处理材料。他在《五帝本纪赞》中说过：“学者多称五帝，尚矣！然《尚书》独载尧以来，而百家言黄帝，其文不雅驯，荐绅先生难言之。”可见他对当时一般知识分子把黄帝描绘成为神圣化的人物的记载，是大半不置信的。《龟策列传》又说：“唐虞以上，不可记已。”《货殖列传》又说：“夫神农以前，吾不知已。”《平准书》又说：“自高辛氏之前，尚矣；靡得而记云。”这都足以说明他对远古史料是抱着“多闻阙疑”的态度来处理问题的，因此他在全书中，采取了详近略远的原则。单就他叙述历代统治阶级的事实而论，五帝合为一纪；夏、殷、周三代，也只各成一纪；到了秦代，既有《秦本纪》，又有《始皇本纪》；到了汉代，便从高祖以下到武帝，每人各为一纪：这便是详近略远的具体表现。由于时代愈近，事实愈多，不得不如此。

司马迁在《六国年表》里说过：“独有《秦记》，又不载日月，其文略不具。然战国之权变亦有可颇采者，何必上古？秦取天下多暴，然世异变，成功大。传曰‘法后王’，何也？以其近己而俗变相类，议卑而易行也。学者牵于所闻，见秦在帝位日浅，不察其终始，因举而笑之，不敢道，此与以耳食无异。”《高祖功臣侯者年表》也说：“观所以得尊宠，及所以废辱，亦当世得失之林也，何必旧闻！”这都指出了致详近世史事的用意。其次在所列十篇表里，三代称“世表”，十二诸侯称“年表”，秦楚之际，便称“月表”，也就具体显示着时代愈远的愈简略，时代愈近的愈详尽了。后来班固作《司马迁传》，谈到这部著作，特别提出“其言秦汉详矣”，自然是这部伟大著作的特点之一。

第三，在取材方面，注意到全社会各阶层的活动，尽可能地反映出人类历史的真相，而不专为统治阶级服务。

向来的历史记载，是以统治阶级为中心的；是以帝王的起居注为主要内容的。但司马迁却深切注意到社会的实际情况，而不专为一姓王朝服务。从体例方面说，本来“本纪”是记载天子的，但是项羽、吕后都写入了本纪；“世家”是记载诸侯列国的，但是陈涉、孔子都写入了世家。过去不少封建学者认为这是“为例不纯”，或者说成“自乱其例”，其实，这正是司马迁有特识、有眼光之处。他在《秦楚之际月表》说过：“初作难，发于陈涉；虐戾灭秦，自项氏；拨乱诛暴，平定海内，卒践帝祚，成于汉家；五年之间，号令三嬗。”这分明是将陈涉、项羽和汉高祖相提并论的。他不独不以成败论人，并且还对这些最初起事的主角们，都给了很高的地位，更进一步把那“五年之间，号令三嬗”的紧张局面，作出了一个《秦楚之际月表》，使后人不致抹杀那些起义的人在历史上所起的巨大作用。特别是对于那位由贫雇农出身的陈涉所领导的农民革命，估价极其崇高。既说：“陈胜虽已死，其所置遣侯王将相竟亡秦，由涉首事也。”（《陈涉世家》）又说：“秦失其政，而陈涉发迹，诸侯作难，风起云蒸，卒亡秦族，天下之端，自涉发难。”（《太史公自序》）这无异于将秦之灭亡，一切归功于陈涉起义。本来，“世家”是专记有世袭的意义的，他的意思，认为统治阶级既有世袭，而农民革命也有它的传统，他列陈涉为世家，是希望这革命传统，永远继承下去，以鼓舞被压迫的人民，敢于向封建统治者作斗争。虽首义之人，未必成功；也必有继之而起的群众，来共同扑灭敌人。这对中国的农民革命运动，确是一种鼓励。再如孔子，不过是周末的一位大教育家，但司马迁却认为："孔子布衣，传十余世，学者宗之。自天子王侯，中国言六艺者，折中于夫子。"（《孔子世家》）又肯定他："为天下制仪法，垂六艺之统纪于后世。"（《太史公自序》）他的意思，以为政治上既有世袭，文化上也有传统。他列孔子于世家，便隐然认定孔子是中国社会一个大教主，有世世代代继承不断的统绪，这也正确地反映了中国封建社会思想界的实际。

此外，在中国封建社会够得上在史书中立传的，必然是符合于封建道德标准的所谓"忠臣义士""正人君子""硕学鸿儒"这一类的人物。这些人物，都是围绕着统治阶级来服务的。但是司马迁却看清楚了人类活动的范围本很广泛，除开少数统治阶级出现在政治舞台以外，还有广大的下层群众，同样是在社会中发生作用的分子。他尽情地描绘了这些下层群众的生活。例如，游侠是社会上的一种下层组织，也就是后世的所谓"游食之民"，是为封建士大夫看不起的，可是司马迁十分加以称道说："今游侠，其行虽不轨于正义，然其言必信，其行必果，已诺必诚，不爱其躯，赴士之厄困，既已存亡死生矣，而不矜其能，羞伐其德，盖亦有足多者焉。"又如滑稽俳优，近于后世的戏子，也是封建社会士大夫们所齿冷的，司马迁却认为"谈言微中，亦可以解纷"，也强调了他们“因谈笑而讽谏”的作用。其他像日者、龟策、货殖，司马迁都替他们写了列传。历史本是记录人类生活的真相的，他在某些方面能不为旧的封建的历史观所束缚，这是难能可贵的。

第四，在叙事方面，不避权贵，不怕罪祸，敢于竭力揭发统治阶级的一切罪恶。

在中国古书中，经常提到“良史直言无隐”，这只是指示着修史的人们，必须“善恶并书”而已。真的不畏罪，不怕死，敢于揭露统治阶级的罪恶的，在反动统治时期能有几人？像司马迁，才可算是古代直言无隐的杰出史家。当后汉末年，王允将要杀蔡邕的时候，王允曾说过：“昔武帝不杀司马迁，使作谤书流于后世。”我们从这句话里，可以想见《史记》在汉代，是最为统治阶级所嫉恨的。这是由于司马迁富于人民感情，很多地方，是站在人民的立场来说话，例如在《封禅书》里，竭力描写汉武帝惑于鬼神，劳民伤财的情形；在《平准书》里，对于兴利的大臣，亟尽其痛恨地加以笔伐。他痛恶统治阶级的严刑峻法，特别在《酷吏传》中图绘那恐怖世界以显示刑法的罪恶。他怜恤劳动人民的供徭役而无休息，特别在《蒙恬传》中指责蒙恬“阿意兴功”之罪。这些都是站在人民方面来控诉统治阶级罪恶的具体表现。至于他对当代开国之君的遗闻逸事，经过游历，做了实际采访，便都直书不讳地写入了本书。像叙述汉高祖之好酒色，对廷吏无不狎侮，又喜大言；吕公迁沛的时候，客人出不到一千贺钱的，便坐在堂下，高祖诈言贺钱一万，其实不名一文；以及高祖服役咸阳时，别人都出三钱，萧何却出五钱，所以后来以萧何为第一功，封赏为最厚。《史记》中把一个流氓集团的面貌，描绘得这样生动真切，怎样不教王允认为是一百三十篇的谤书呢？

《三国志·王肃传》记载魏明帝曹睿和王肃问答的话道：“帝问司马迁以受刑之故，内怀隐切，著《史记》非贬孝武，令人切齿。对曰：司马迁记事，不虚美，不隐恶，刘向、扬雄服其善叙事，有良史之才，谓之实录。汉武帝闻其述《史记》，取孝景及己本纪览之，于是大怒，削而投之，于今此两纪有录无书，后遭李陵事，遂下迁蚕室，此为隐切在孝武，而不在于史迁也。”据此可知司马迁当日是勇于和统治阶级作斗争的，汉武帝既早已怀恨在心，所以趁他替李陵说话时，便处他以极残酷的腐刑，对这位直言无隐的大史学家给予严重的打击和报复。但是司马迁的人格，却因此更伟大而崇高了。

以上四点，是单就这部伟大著作总的精神方面提出来的，至于在处理问题和组织材料的时候，又更有它的四大特点：

第一，真实性。

司马迁既在少年时代，游遍了全中国地区，便尽量将他耳闻目见的事实，写入自己的著作，使成为真实可靠的材料。

例如《魏世家》云：“吾适故大梁之墟，墟中人曰：秦之破梁，引河沟而灌大梁，三月城坏，王请降，遂灭魏。”有了这段实际调查的材料，可使人们明了秦灭魏的具体情况。又如《春申君列传》云：“吾适楚，观春申君故城宫室，盛矣哉！”有这两句话的短简记载，更足以证明四公子当日豪奢生活的不虚。这都是拿自己亲闻亲见的事实写入史传，成为真实和宝贵的记载。

历史家的任务，在于求真，在于考信。而司马迁的考信，尚不止于凭借个人的耳闻目见，还进一步参考旁人的实际调查，来论证事物的真相。例如《大宛列传》的赞上说：“《禹本纪》言河出昆仑，昆仑其高二千五百余里，日月所相避隐为光明也，其上有醴泉、瑶池。今自张骞使大夏之后也，穷河源，恶睹本纪所谓昆仑者乎？”这更具体地表现了科学家的实证精神了。

第二，系统性。

全书百三十篇，条理秩然不混。本纪十二篇，从五帝以至汉武帝，各依时代为先后。年表十篇，是全书的纲领。从《三代世表》到《汉兴以来将相名臣年表》，也是依时代先后编列的。它和本纪互为经纬，彼此对照，更显示出年表和本纪是不可分离的姊妹篇。其次，列传七十篇，分量占全书绝大部分，是最难处理的材料，但司马迁却弄得条理清楚，系统分明。对于历史上重要人物，各为一篇专传；又综合二人以上行事相类的人物，写为总传。总传有明白标出类目的：如刺客、循吏、儒林、酷吏、游侠、佞幸、滑稽、日者、货殖等传便是。有不标名目的：如《管晏列传》，便因为管仲、晏婴同是齐国的良相，是由名位而合；《孟轲荀卿列传》，便因同是儒家，由学术而合；至于鲁仲连与邹阳同传，则因其同有不屈不挠的精神而合；屈原与贾谊同传，则因其同有抑郁自悲的情况而合。由此类推，凡是经他综合数人写为一传的，都有他的用意，表现出了写书时的系统性。论者多疑老庄是道家，申韩是法家，为什么合为一传？这点司马迁也早已交代清楚。他在《申不害传》中说过："申子之学，本于黄老。"《韩非传》中又说："喜刑名法术之学，而其归本于黄老。"这便指出了法家之学，原出于道家，把老庄申韩合成一传，是从辨章学术、考镜源流来看问题的。这一做法，高度地体现了组织史料的系统性。再就列传与列传之间的排列而论，也仍然有着联系的。例如《孙吴列传》之前，便是《司马穰苴列传》，因为同是兵家；而《苏秦列传》之后，便是《张仪列传》，因为同是纵横家。其他例子尚多，不能尽举。这又说明他在各篇叙次上，也是有"以类相从"的系统的。

至于叙事方面，他又注意到避免重复、省节繁文的工作。假若遇着一段材料，可以摆在甲篇，也可摆在乙篇，同时也可写入丙篇，他必斟酌它摆在某篇的作用和意义，衡量轻重，以定去取。例如《尚书·洪范》，相传是箕子对周武王讨论

“天人之道”的一段话，照理可以收入《周本纪》，但司马迁在《周本纪》只提到“武王已克殷，后二年，问箕子：殷所以亡。箕子不忍言殷恶，以存亡国宜告。武王亦丑，故问以天道”，而没有举出问答之辞。这并不是他不采《洪范》，而是将《洪范》全文收入了《宋微子世家》，因为宋国是殷代后裔的缘故。由此类推，可知他对材料的处理，也是费了多番考虑的。他已将某段材料摆在甲篇，遇着乙篇有关联时，便清楚地做出交代说“事见某篇”或“语在某篇”。例如《周本纪》说：“其事在周公之篇”；《秦本纪》说：“其事在商君语中”；又说：“其语在《始皇本纪》中”；《秦始皇本纪》说：“其赐死语，具在《李斯传》中”；《吕后本纪》说：“语在齐王语中”；《孝文本纪》说：“事在吕后语中”；《礼书》说：“事在袁盎语中”；《赵世家》说：“语在晋事中”；《萧相国世家》说：“语在淮阴侯事中”；《留侯世家》说：“语在项羽事中”，“语在淮阴事中”；《绛侯周勃世家》说：“其语在吕后孝文事中”。这一类的交代，在全书中不能尽举。都是唤起读者们不要把每篇记载孤立起来看，应该联系他篇来参考问题。这样，不独彼此避免了重复，节省了繁文，也具体表现了全书脉络相连，有它极缜密的系统。

第三，科学性。

由于司马迁是学识渊博、实事求是的历史学家，对于整理旧闻，也自然极其小心谨慎，以极客观极冷静的头脑，来处理问题，凡遇着弄不清楚的材料，绝不武断，绝不曲解，而只是阙所不知，疑以传疑而已。他在《高祖功臣侯者年表》中，提出了“疑者阙之”的原则，又在《仲尼弟子列传》中，也说到“疑者阙焉”。这种精神，是科学家的精神，也就是科学家治学应有的态度。例如老子这个人的姓名、年龄、籍贯，到汉初已弄不明白，司马迁替他修传时，只得备载当时各种不同的说法，用几个“或曰”来归纳这些不同意见。而用“世莫知其然否”的怀疑口吻，来作结论。对墨翟的时代，也不能肯定，也只得在《孟轲荀卿列传》之尾，附带说“墨翟，宋之大夫，善守御，为节用。或曰：并孔子时，或曰：在其后”。这一类的写法，都是采用阙疑的方法，兼采众说，留待后人判断，这是一种“实事求是”的办法。

至于他鉴别史料，考证旧事，则更富有疑古的精神，直接提出正确的意见，对旧说加以纠正。例如《周本纪》云：“学者皆称周伐纣，居洛邑。综其实不然，武王营之，成王使召公卜居，居九鼎焉；而周复都丰镐，至犬戎败幽王，周乃东徙于洛邑。”这便论定了周居洛邑，实在幽王以后，给考证两周史实的人们以莫大的启示。

他对秦代的统一中国，估价很高。《六国年表》中既已说过：“秦取天下多暴，然世异变，成功大。传曰‘法后王’，何也？以其近己而俗变相类，议卑而易行也。学者牵于所闻，见秦在帝位日浅，不察其终始，因举而笑之，此与以耳食无异，悲夫！”《礼书》中又说：“至秦有天下，悉内六国礼仪，采择其善，虽不合圣制，其尊君抑臣，朝廷济济，依古以来。至于高祖，光有四海，叔孙通颇有所增益减损，大抵皆袭秦故。自天子称号，下至佐僚及宫室官名，少有变改。”这却具体说明了汉代一切规模礼制，都是沿秦之旧。又特别着重提出：“世异变，成功大”，无异于指明了秦代统一中国，改变了全社会的面貌（在今天说，秦代统一中国，便是将领主经济、领主政权的社会，改变成了地主经济、地主政权的社会），在中国历史过程中，所起的作用是非常伟大的。这点司马迁在两千年前就天才地认识到了，这种科学的头脑和分析能力的精确，怎么不教人惊讶呢！

第四，通俗性。

司马迁的写作，是面对大众的，他想尽了方法，力求自己文字的通俗，在援用古书方面，常常经过一道翻译的手续。例如，《尚书》是最艰深而难于理解的史料了，他便将所采取的原文，一一变为汉代通行的语言文字，使人人能看懂。《尚书》的“钦若昊天”，他写作“敬顺昊天”；《尚书》的“克明俊德”，他写作“能明驯德”；《尚书》的“庶绩咸熙”，他写作“众功皆兴”；《尚书》的“载采采”，他写作“始事事”：这在当时都是比较通俗的语言。其次，在用字方面，他也力求通俗，和班固《汉书》，截然不同。《汉书》好写古体，而《史记》多用俗字。例如收藏的“藏”字，《史记》作“藏”；

《汉书》作“臧”。谦让的“让”字,《史记》作“让”;《汉书》作“攘”，这种例子，不能遍举。这都是司马迁比班固高明之处。全书贯注了这种精神，所以《史记》较《汉书》尤为易读了。司马迁不独采用当时流行的字体，并且广泛地吸取了当时通行的俗语，来说明一事一物之理，使大众易于了解。例如《李将军列传赞》中引谚曰：“桃李不言，下自成蹊。”《春申君列传赞》中引语曰：“当断不断，反受其乱。”《袁盎晁错列传赞》中引语曰：“变古乱常，不死则亡。”《佞幸列传》引谚曰：“力田不如逢年，善仕不如遇合。”这样，每通过一句成语，便可说明一个问题，是一种对大众介绍知识、解释理论的最好办法。司马迁用以修史，可见他的书，不仅是供少数统治阶级阅读，而是准备成为大众的通俗读物了。

此外，在列传标题方面，也尽量采用当时世俗通行的称号。一般的列传，都是直书姓名；其次有称官名的，如“李将军”之类便是；也有称爵号的，如“淮阴侯”之类便是。至于“南越尉佗”，本姓赵氏，不称赵佗，而曰尉佗；黥布，本姓英氏，不称英布，而曰黥布；石奋和他的四子，都做官至二千石，时人有“万石君”之称,《史记》也就称“万石君”。这都是吸取当时通俗的称号，作为史传的标题。刘知几《史通·称谓篇》说过：“赵佗而曰尉佗，英布而曰黥布，奋、建父子，都称万石，凡此诸名，皆出当代史臣编录，无复张弛。盖取用随时，不藉稽古。”这更指出了司马迁修史时十分尊重民间通行的称号，而不加以改变，可见司马迁在列传标题方面同样是很注意通俗性的。

第三节　编纂通史的继承者郑樵和他的著作《通志》

郑樵，字渔仲，公元1104年（宋徽宗崇宁三年）生于福建兴化军的莆田县。他的父亲郑国器，是当时太学的学生，曾经卖掉自己的田地，来修筑苏洋陂的堤岸，大为当地人所称颂。郑樵十六岁时，他的父亲便死去了。他于是谢绝人事，也不参加科举考试，专心致志地和他的堂兄郑厚，到夹漈山下刻苦读书。郑樵更立下坚定的志愿，打算尽心力以研究六经的奥旨，贯通百家的学术，多读古人书籍，吸取所有资料，来丰富自己的历史知识。但是他研究学问的态度，又不是死守书本，而是十分注意于实地考察，以求了解天地间一切事物之理。所以他入山之初，虽志在用力于六经和其他古书，但后来研究的范围越放越大，对于天文、地理、语言、文字、动植、医药，无不钻研。他在山中没有老师可以请教，都由他自己从实际观察中去体认，去探索。

由于他立志很高，对于世俗一般从事于推敲字句，或空谈心性的人们，总是瞧不起的。他在谈到二者的流弊时便说：

“义理之学，尚攻击；辞章之学，务雕搜。耽义理者，则以辞章之士为不达渊源；玩辞章者，则以义理之士为无文彩。要之，辞章虽富如朝霞晚照，徒焜耀人耳目；义理虽深如空谷寻声，靡所底止；二者殊途而同归，是皆从事于语言之末，而非为实学也。”（《通志·图谱略·原学篇》）据此，可知他的志趣，始终是想实事求是，从事于科学研究的。

科学研究工作，尤必注意实验，从实验中，才能取得活的知识。郑樵曾经叙述自己学天文的经过道：“一日，得《步天歌》而诵之。时素秋无月，清天如水；长诵一句，凝目一星；不三数夜，一天星斗，尽在胸中矣。”（《通志·天文略》序）又说他学动植物的经过道：“结茅夹漈山中，与田夫野老往来，与夜鹤晓猿杂处，不问飞潜动植，皆欲究其情性。”（《昆虫草木略》序）这种重视实验、亲身考察的精神，是科学的。

他唯一的宗旨，是想从实物上发现学问，而不专从书本里钻研字句，所以对于那般死守书本来谈名物的，认为可笑。他曾经说过：“凡书所言者，人情事理，可即己意而求之。董遇所谓：读百遍，理自见也。乃若天文、地理、车舆、器物、草木、虫鱼鸟兽之名，不学问，虽读千回万复，亦无由识也。奈何后之注解家，只务说人情物理；至于学之所不识者，反没其真。遇天文，则曰此星名；遇地理，则曰此地名，此山名，此水名；遇草木，则曰此草名，此木名；遇虫鱼，则曰此虫名，此鱼名；遇鸟兽，则曰此鸟名，此兽名。更不言是何状星、何地、何山、何水、何草、何木、何虫、何鱼、何鸟、何兽也。纵有言者，亦不过引《尔雅》以为据耳。其实未曾识也。”（《夹漈遗稿》卷中《寄方礼部书》）这种见解，极其透辟而卓越。所以他对科学研究，特别强调感性认识的重要，认为必须放下读书人的架子，和直接生产的劳动人民打成一片，才能有所成就。他说：“儒生家多不识田野之物，农圃人又不识诗书之旨，二者无由参合，遂使鸟兽草木之学不传。”（《昆虫草木略》序）他以为凡是做一种学问，都要亲自去认识，不能专靠书本。书生们研究鸟兽草木之学，就得亲身到田野里去，和老农老圃接近。史官们要修《天文志》，就要懂得星象，认识星斗的部位。在封建社会，是很难找到这种议论和主张的。

由于郑樵有清晰的科学头脑，所以研究学问极注意条理的缜密和门类的详明。他说：“善为学者，如持军治狱。若无部伍之法，何以得书之纪？若无核实之法，何以得书之情？”（《图谱略·明用篇》）他认为做学问要像持军一般有部伍的法子，要像治狱一般有核实的法子，这就是极明白的科学观念。正因为他重视编书的条理和系统，所以他极喜爱《尔雅》一书，认为它有条理法度。他所写的《通志二十略》，对各种事物，分门别类，极其仔细。

他对学问的探讨，既事事从核实出发，便很自然地富有怀疑的精神。每喜寻出各种事物的真面目，不肯随便信从传说。他在《诗辨妄》里指出："诗书可信，然不必字字可信。"对于经文尚且如此，何况传注？所以他不信《易经》的《彖》《象》出于孔子，而以为是战国时的两家；不信《尔雅》出于周公，而以为出在《离骚》之后；不信《石鼓》是史籀所书，而以为是秦物。这一类的大胆论断，又是当时其他学者所未尝梦见的。

郑樵治学的范围，极其广博；而所做功夫，又极深湛。对于天地间每一种知识，都有专精的研究和纂述。在他自述为学次第时，便已说过：

> 十年为经旨之学，以其所得者作《书考》，作《书辨讹》，作《诗传》，作《诗辨妄》，作《春秋传》，作《春秋考》，作《诸经序》，作《刊谬正俗跋》。三年为礼乐之学，以其所得者作《谥法》，作《运祀议》，作《乡饮礼》，作《乡饮驳议》，作《系声乐府》。三年为文字之学，以其所得者作《象类书》，作《字始连环》，作《续汗简》，作《石鼓文考》，作《梵书编》，作《分音之类》。五六年为天文地理之学，为虫鱼草木之学，为方书之学：以天文地理之所得者作《春秋地名》，作《百川源委图》，作《春秋列国图》，作《分野记》，作《大象略》；以虫鱼草木之所得者作《尔雅注》，作《诗名物志》，作

《本草成书》，作《本草外类》；以方书之所得者作《鹤顶方》，作《食鉴》，作《采治录》，作《畏恶录》。八九年为讨论之学，为图谱之学，为亡书之学。以讨论之所得者作《群书会记》，作《校雠备论》，作《书目正讹》。以图谱之所得者作《图书志》，作《图谱有无记》，作《氏族源》。以亡书之所得者作《求书阙记》，作《求书外记》，作《集古系时录》，作《集古系地录》。此皆已成之书也。其未成之书：在礼乐，则有《器服图》；在文字，则有字书，有音读之书；在天文，则有《天文志》；在地理，则有《郡县迁革志》；在虫鱼草木，则有《动植志》；在图谱，则有《氏族志》；在亡书，则有《亡书备载》。(《夹漈遗稿》卷上《献皇帝书》)

这是何等雄伟的气魄和庞大的规模！而他终究的志愿，便是想把天地间所有学问和历史事迹，都汇集在一块，而成其“集天下之书为一书”的伟业。他自己三十年闭户读书的成绩，不过是预先替这种伟业奠定了博大深厚的基础。

他一生所期望成功的伟业，便是编写《通史》，今日流行的《通志》二百卷，即其在短时期内辛勤纂述而成。《通志》的叙述，从三皇到隋代有《帝后纪传》二十卷，《年谱》四卷，关于记载典章事物的《二十略》五十二卷，《列传》一百二十四卷。本纪、列传是综合诸史而成，唯在避免重复而已。年谱和二十略，是他自己做的。其中礼、刑、职官等略，系节录杜佑《通典》的文字。只有年谱和都邑略系临时编集。其余氏族、六书等略，只是把他平日所做的书加以删节罢了。所以这部二百卷的《通志》，仅费了一番删节和抄写之功，并没有精密的组织，以致后人不了解他的，相率把这书看成不大重要的写作。其实他用一个人的力量从事这样繁难浩大的工作，确实不易，而且受诏修书，急于求成，他公元 1159 年（宋高宗绍兴二十九年）在《上宰相书》中说："去年到家，今年料理文字，明年修书。若无病不死，笔札不乏，远则五年，近则三载，可以成书。"结果他的书竟在 1161 年脱稿，实际还不足两年。以这样短促的时间从事那样庞大的著作，自然免不了粗疏漏失。然而在史学上，他总算是继司马迁之后，努力做了一番会通的功夫。至少在发凡起例之处，给予了后人一个会通的观念，这种功绩是不可湮没的。

《通志》的精华，在二十略，而其创造部分，尤在于六书、七音、谥、乐、校雠、金石、昆虫草木诸略。所可惜的，他在《通志》里，还没有将自己的书，全部收进去。像《氏族略》，固已节录他的《氏族志》了；像《艺文略》，固已节录他的《群书会记》了；虽卷数相差很多，而体系自是完备（《氏族志》五十七卷，《氏族略》六卷；《群书会记》三十六卷，《艺文略》八卷）。至于《天文略》，原有他的《天文志》可采；《昆虫草木略》，也有他的《动植志》可采，但当时只把《步天歌》《本草成书》等编录起来，使我们不能考见他完全的系统和细密的分类，实在是一个缺憾。更可惜的，他生平所画的图，原可插入，但他以为“流传易讹，所当削去”（《天文略》序）。除了韵图以外，一个也没有放进，于是他的别种图，就完全亡佚了。

公元1161年，郑樵写完《通志》献之于朝，1162年春天便不幸死去了，年龄还只五十九岁。他的著作虽没有达到他自己理想中的完善，但是他那种不畏艰苦、努力不懈的精神，是永远值得后人学习的。

第四章　仿效《史记》写作形式编成的断代史

第一节　总的说明

我们研究过去的历史书籍，首先应从“辨章学术，考镜源流”的角度，去分析每部书体例内容的同和异；而不可徒然为过去的笼统名称如“廿四史”“九通”这一类的旧名词所拘束，把不同体例的书籍，并为一谈。因为那些名称，是封建社会统治阶级刻书时所标题的，当时只看到某些书籍表面上有些相似之处，而每本书的体例其实是不同的。即以“廿四史”而论，《史记》是包括万有、贯通古今的通史；和《汉书》以下的断代史，截然不同（不过断代史取法了《史记》的写作方式）。“九通”，是在所谓“三通”的基础上垒增起来的。郑樵的《通志》，根本是继承司马迁《史记》体例而想写成一部无所不包的通史；与专载典章制度的《通典》《通考》也迥然有别。自从封建统治阶级刻书时把它们合在一起，强加以笼统的名号，不独“辨章学术，考镜源流”的意思不可复见，也湮没了或者削减了某些书的作用，这在今天是应该深切辨明的。所以我在介绍断代史时，只从《汉书》说起。至于断代史里面的写作方式，实际是模仿《史记》，这自然不能避而不言。在叙述纪、传、表、志各体时，仍有牵涉到《史记》的地方。

从《汉书》创立断代为书的史体以后，每代都有一部书来总结一朝史实。时代愈晚，这类书便愈多，所以用数目字来统括诸史的，便日益增大了。最初魏晋人有“三史”的名目，是指《史记》、《汉书》和《东观汉记》(唐以后《东观汉记》失传，才以范晔《后汉书》当三史之一)。唐人以《史记》《汉书》《后汉书》《三国志》《晋书》《宋书》《齐书》《梁书》《陈书》《魏书》《北齐书》《周书》《隋书》为“十三代史”。宋人加以《南史》《北史》《唐书》《五代史》称“十七史”。明人加以《宋史》《辽史》《金史》《元史》为“廿一史”。清乾隆初年，修《明史》成，加入合刻，名“廿二史”。后又增列《旧唐书》和《旧五代史》为“廿四史”。1921年，柯绍忞修《新元史》成，当时政府明令列为“正史”，于是有“二十五史”的名称。

“正史”的名称，始见于《隋书·经籍志》，这明明是唐代统治阶级提出来的。把纪传体的史书，名为“正史”，是因为唐代开始设馆修书，将这一类书籍规定为写作的榜样；正和唐初皇帝领导臣工们修《五经义疏》而名之为“正义”，是同样的道理。他们从维护统治者的利益、巩固封建政权的角度去考虑问题，而认定某些书籍是“正”，某些书籍是“非正”，于是“正经”“正史”的名目便出现了。我们今天研究历史，不独对那些书籍里面的材料，应该用新的观点、新的方法，审慎地加以批判和分析；即对这些狭隘的名称，也完全要加以荡除。现在且就《汉书》以下断代为书的纪传体史籍，先从每书作者和内容，做一分别的介绍，再从体例上做出综合的说明。

第二节 断代史的分别介绍

《汉书》

东汉班固所作。固字孟坚，生于公元 32 年（汉光武建武八年），卒于公元 92 年（和帝永元四年），扶风安陵（今陕西咸阳）人。他的父亲班彪（字叔皮），是一个极有学问的人，曾因司马迁的《史记》写至汉武帝时便止了，发愿继续写完西汉一代之事，作后传六十五篇，没有完成便死了。班固凭借他父亲已有的材料，加以补充和整理，上起高祖（公元前 206 年—前 195 年），下终王莽（公元 9 年—24 年），包括二百三十年史事，写成十二纪、八表、十志、七十列传，凡一百篇。其中篇幅太长的分为上下卷，或上中下卷，实为一百二十卷，成为中国史学界纪传体断代史的创例。武帝以前的纪传，多用《史记》旧文；武帝以后的史事，多系新纂。其中《八表》和《天文志》，未及写成，便死去了，后来他的妹妹班昭（曹大家）和同郡马续等继续替他补写完成。

后人訾议《汉书》有两个大问题：

第一，从高祖到武帝的叙述，多半抄袭《史记》原文，引起后人轻视，认为不能自成一家之书。这点，应该很客观地比较两书，知其有同有异，足以并行不悖。例如《史记》在《高祖本纪》之后，继以《吕后本纪》；《汉书》却于《吕后纪》之前，补立《惠帝纪》；这便是本纪不完全相同之处。至于列传，《汉书》不同于《史记》的地方更多，凡是有关学术、政治的文字，都一一载入传中。如《贾谊传》录《治安策》，《晁错传》载《教太子疏》《言兵事疏》《募民徙塞下疏》《贤良策》，《路温舒传》载其《尚德缓刑疏》，《贾山传》载其《至言》，《邹阳传》载其《讽谏吴王濞邪谋书》，《枚乘传》载其《谏吴王谋逆》一书，《韩安国传》载其与王恢论伐匈奴事，《公孙弘传》载其《贤良策》。这些文字，或关经国大计，或关边疆治安，或涉用人之道，或见政治主张，都是《史记》所不载的。由此可知班氏作《汉书》，还自有其权衡取舍，对于文字的剪裁熔铸，是十分注意了的。今日研究西汉一代史事，《史记》《汉书》可以互相发挥、互相印证之处还很多，不应该偏重偏废。

第二，既是断代为书的纪传史，而有《古今人表》，引起后人的怀疑，认为是自乱其例。这点，也应很仔细地了解《汉书》的作用。一方面《汉书》固然是叙述西汉一代的史实，而另一方面，有某些部分是替《史记》拾遗补阙继续补充的，例如《汉书》十志，便是在《史记》八书的基础上加以发展而成。班氏并《史记》的《礼书》《乐书》为《礼乐志》;《律书》《历书》为《律历志》；改《天官书》为《天文志》,《封禅书》为《郊祀志》,《河渠书》为《沟洫志》,《平准书》为《食货志》：这都是名异实同。取材多据《史记》，不过增其未备而已。新添的有《刑法志》《五行志》《地理志》《艺文志》四种，大抵贯通古今，也不专叙汉事。十志如此，那么《古今人表》，也自然不能例外。章学诚尝疑这表不一定出自班固之手，或为西汉学者所作，班氏把它收入《汉书》，这种推测，也极有可能。我们看它所列人物，把孔子列于上圣，孔门弟子列上等的多至三十余人，这自然是汉世尊显儒学以后的写作，也正确地反映了当时知识分子对古今人物的看法和估价。

过去学者们认为读《汉书》很艰难，由于它在写作方面好用古字，非有文字学素养的人，不容易看懂。这种困难，是存在的，但在今天，是可以克服的。首先我们必须依靠注解。唐以前注《汉书》的很多家，都不传，现在通行的注本，以唐代颜师古注为最备最古。它博采从前有名的注说凡五种：一、服虔，二、应劭，三、晋灼，四、臣瓒，五、蔡谟。颜氏根据这五家注说加以折中润色，去短取长，又《叙例》胪列历代注家姓名、爵里、出处凡三十人，可谓广揽兼收了。清代学者从这方面做功夫的，有钱大昕《汉书考异》、钱大昭《汉书辨疑》、沈钦韩《汉书疏证》、周寿昌《汉书注校补》，以及其他笔记文集中析疑释难的文字，更不可胜数。清末王先谦成《汉书补注》一百二十卷，全都搜集无遗了，今天读《汉书》，以王氏《补注》为最好的本子（长沙王氏家刻本、又《扫叶山房》缩印本）。近人杨树达又有《汉书补注补正》（商务印书馆出版），订讹纠谬，发悟极多，后又扩充为《汉书窥管》，由科学出版社出版，学者可参考。

《后汉书》

南北朝时宋范晔所作。晔字蔚宗，顺阳（今河南淅川县）人。此书凡帝纪十、列传八十，共九十卷。志未成而晔卒。梁代刘昭，取晋司马彪所作《续汉书八志》三十卷补入，所以今本共为一百二十卷。范氏是公元五世纪时期（公元397年—445年）的人，而整理东汉一代（公元25年—220年）史实，时代相去很远。在他以前，作《后汉书》的很多，就卷帙较大的几部写作来说，有后汉刘珍等所修《东观汉记》一百四十三卷，三国时有吴人谢承《后汉书》一百三十卷，晋代有薛莹《后汉记》一百卷，司马彪《续汉书》八十三卷，华峤《后汉书》九十七卷，谢沈《后汉书》一百二十二卷，张莹《后汉南记》五十五卷，袁山松《后汉书》一百卷，袁宏《后汉纪》三十卷，张璠《后汉纪》三十卷，这都是著录在《隋书·经籍志》的。现在只有袁宏的书还存在，其他都散佚了（后人有辑本）。当范氏修书时，上列诸书都存在，所以材料方面的凭借，极其丰富，他删繁就简，成为己作。范氏书出，其余诸家都废，一则由于范氏文笔很高，时人喜欢传抄他的著述；二则由于范书但有纪传没有表志，易于诵习，为学者所欢迎。在雕版印刷术没有发明以前，每部书都要手写传抄；学者们得此一书，便都不再抄其他的本子了，这便是十家《后汉书》散佚很早的原因。

以时代论，后汉在前，三国在后。如果按成书的先后来讲，则陈寿的《三国志》较范氏《后汉书》先成约百余年。范氏叙述后汉末年事，多根据《三国志》。研究时拿两书对照，可以看出很多不同的地方。而袁宏《后汉纪》的写成，也远在范书前。据宏自序所说，他是根据谢承、司马彪、华峤、谢沈、张璠诸家《后汉书》整理出来的材料，最为可靠。所以研究范书，又必取《后汉纪》对看。

范氏模仿了班固的办法，将有关政治的论文和文学价值较高的词赋，都收入每个作者的传中，如《崔实传》载其《政论》，《桓谭传》载其《陈时政》一疏，《王符传》载其《潜夫论》中五篇，《仲长统传》载其《乐志论》及《昌言》

中二篇，《张衡传》载其《客问》一篇、《上疏陈事》一篇、《请禁图谶》一篇，《蔡邕传》载其《释悔》一篇，条陈所宜行者七事，这都是有关时政的文字。至于《班固传》载《两都赋》《明堂璧雍诗》《典引篇》，《杜笃传》载其《论都赋》，《刘梁传》载其《和同论》，《边让传》载其《章华赋》，这都是词采壮丽的文学作品。所以今天仔细读《两汉书》，便无异于读了两汉的总集，重要的大文章，也都包含在里面了。

将晋人司马彪的《续汉书》八志与《后汉书》配合起来以补范氏之缺，始于梁代刘昭，至北宋，才将它们合刻成为一书。陈振孙《直斋书录解题》称："昭所注志，与范书纪传别为一书。其后纪传孤行而志不显。本朝（宋）乾兴元年（公元 1022 年），判国子监孙奭始奏以补全史之阙。"可知两书到宋真宗时，遂正式付雕合刻。今人援引《后汉书》八志，必须标明"司马彪《续汉书》志"。但是我时常发现近时出版的历史书籍，引证到《后汉书》八志时，便一同认为是范晔的作品，可谓大误。学者不可不注意。

今日通行的旧注，纪传部分是唐高宗的儿子章怀太子李贤注的。至于八志，还是梁代刘昭注的。学者亦须分辨清楚，不可混为一谈。清儒在这方面用过功夫的，以惠栋《后汉书补注》为最善。清末王先谦即凭借这个本子，加引诸家考证语，成《后汉书集解》一百二十卷。最便学者。

《三国志》

西晋陈寿所作。寿字承祚，巴西安汉（今四川南充）人。此书凡《魏志》三十卷、《蜀志》十五卷、《吴志》二十卷，共六十五卷。陈寿在西晋初年做过官，是当时统治者司马氏的臣下，而司马氏又是三国时曹魏的臣下，直接从曹氏手中取得天下的，所以陈寿叙述三国时史实，对于曹魏顾忌很多，自然不能不有所回护。这是封建政权统治之下的臣工们编写前朝史书的通例，不足奇怪。后世有很多研究历史的人，在这方面讥短陈寿，未免失考，弄清楚了他的时代背景，才够得上“知人论世”。也有些人看到现在通行的《三国志》，标题上本没有“本纪”“列传”的名目，认为此书把魏蜀吴三国平等看待，找不出什么以魏为正统的痕迹，这也是错误的。

谭嗣同在《石菊影庐笔识》卷一说过：“《三国志》不立纪传之名，则每篇皆志，君臣不异。《四库全书考证》，张照氏据以为不予魏之证。而今本目录有标‘魏书’‘蜀书’‘吴书’者，有于第六卷标列传者，必出后人妄增，当刊去。著述家援引，亦当言魏志、蜀志、吴志，或某帝志、某人志，不当横被以纪传之目也。”这段考证，表面看来，似乎很精，其实大谬不然。考《隋书·经籍志·正史类叙》有云：“三国鼎峙，魏氏及吴，并有史官。晋时巴西陈寿，删集三国之事，唯魏帝为纪，其功臣及吴蜀之主，并皆为传，仍各依其国，部类相从，谓之《三国志》。”据此可知唐初《三国志》的本子，原来自有纪传的分别。此外，晁公武《郡斋读书志》也说："魏四纪、二十六列传，蜀十五列传，吴二十列传。"由此可见宋代也还保存了原来的面目。今本看不见纪传的标题，大约是南宋以后学者们遵用朱熹以蜀为正统的见解而删去了的。但魏主犹有帝名，便是删除未尽的遗痕。

《三国志》本书，文字过于简洁，于史实多所疏略，南朝宋文帝刘义隆便命裴松之为之作注。这注不专于解释文义，而重在增广异闻，补证遗佚。《四库全书总目提要》指出它的作用有六：一、引诸家之论，以辨是非；二、参诸家之说，以核讹异；三、传所有之事，详其委曲；四、传所无之事，补其阙佚；五、传所有之人，详其生平；六、传所无之人，附以同类。可知《裴注》对《三国志》起了订讹补阙的大作用。所以读《三国志》时，《裴注》必须仔细研究，其价值不独不在原书之下，有些地方比原书还重要。《裴注》所根据的材料多至一百四十余种，而这些材料十之八九又已失传（见《廿二史札记》及《廿二史考异》），于是《裴注》更成为搜辑佚书的渊薮。《裴注》较《三国志》正文多出几倍，阅读时不可嫌它太繁，但是字太小的本子，损害目力，能得一大字本为佳。清末同治年间，金陵书局聚珍版印大字《三国志》，注文和正文一般大，唯注文低一格印，最便学者。

《三国志》中，叙述蜀事较略。考证蜀汉遗闻，又可参究《华阳国志》。此书为晋代常璩所作。他是蜀郡江原人，对于蜀汉事闻见亲切。书凡十二卷，其中有《巴志》《汉中志》《蜀志》《南中志》《刘先主志》《刘后主志》等，都和《三国志》可以互相证发。例如《三国志》记诸葛亮南征，只有二十字，而《华阳国志·南中志》便多至七百余字，叙述这一战争的经过，了如指掌。没有这种材料，便无由知道当时事实的全面。

《三国志》没有“志”和“表”，后人补作的很多。补志的如洪亮吉有《三国疆域志》，近人金兆丰有《三国志疆域校补》，钱大昭、侯康都有《三国艺文志》，近人陶元珍有《补三国食货志》。补表的除万斯同《历代史表》中所列有关三国的几种表以外，如黄大华有《三国三公宰辅表》，洪饴孙有《三国职官表》，谢钟英有《三国大事年表》《三国疆域表》《三国疆域志疑》，吴增植有《三国郡县表》（附考证），杨守敬又有《补正》，周嘉猷有《三国纪年表》，近人周明泰有《三国世系表》，陶元珍又有《补遗》，吴廷燮有《汉季方镇年表》《魏方镇年表》《蜀方镇年表》《吴方镇年表》。

替全书作补注的也很多。如杭世骏有《三国志补注》六卷（杭氏刻外集本），侯康有《三国志补注》一卷（广州局本），钱仪吉有《三国志证闻》三卷（苏州局本），梁章钜有《三国志旁证》三十卷（广州局本），赵一清有《三国志注补》六十五卷（广州局本），周寿昌有《三国志注证遗》四卷（家刻本、广州局本），潘眉有《三国志考证》八卷（广州局本），钱大昕有《三国志考异》在《廿二史考异》中。近人卢弼荟萃众说，纂为《三国志集解》，有1957年古籍出版社排印本。

《晋书》

唐太宗李世民领导臣工们所作。参加这次编纂工作的，有房玄龄、褚遂良、令狐德棻、李延寿等二十余人，都是当时的名流。写成帝纪十卷、志二十卷、列传七十卷、载记三十卷，共一百三十卷，这是我国官修史中的最早者。每篇末发议论处用“史臣曰”开端，只有宣帝（司马懿）、武帝（司马炎）两纪和陆机、王羲之两传《后论》，便称“制曰”，表明是太宗亲自动手作的。现在通行的本子，开卷便题“太宗文皇帝御撰”，而不列史臣们的姓字。在这以前，修晋书的家数很多，写成了的书也不少，唐太宗感到“前后晋史十八家”都不能满意，于是发愿重修。今天根据《晋书》列传和《隋书·经籍志》《唐书·艺文志》所载，唐以前修晋书的多至二十余家，所以唐初新修《晋书》成，本有“新晋书”的名称（见《史通》），后来诸家俱废，唯此独存，便也取消了这个“新”字的标目。

唐初文士，例以骈俪相尚，一部《晋书》，便完全成了四六体的文词；加以取材芜冗，不满人意之处甚多。初学宜取清人周济所作《晋略》对看。济字止庵，江苏宜兴人，其书凡本纪六、表五、列传三十六、国传十一、汇传七（宗室、笃行、清谈、任达、良吏、文学、隐逸)、序目一，共六十六卷，事增文省，论者认为是晋史中的佳作(道光十九年刻本，又光绪间重刻本)。至于《晋书》注本，以清末吴士鉴所作《晋书斠注》一百三十卷为最备，举凡前人考证所及，都已搜录无遗。南浔刘氏嘉业堂有精刻本，可采用。

《宋书》

旧题梁沈约撰，其实这书是在齐永明年间修成的，后人因沈约做官，终于梁代，所以便据以标题。沈约字休文，吴兴武康人。他在永明五年(公元487年)的春天，受齐武帝萧赜的敕令，修辑《宋书》，到次年(公元488年)二月，一百卷的《宋书》便完成了。自古私人修书的迅速完功，以此为最，因之缺漏错误，在所不免。细考当日成书经过，并不是沈约一人的创作，而是在很多人已经编写的旧有基础上继续完成的。早在刘宋时，便有著作郎何承天写过《宋书》，纪传止于武帝时，诸志也只有《天文》《律历》，此外悉委山谦之。谦之死后，统治者又诏苏宝生续撰。宝生死后，又命徐爰。爰因苏、何二本，勒为一史。这都替沈约准备了好的基础。所以到他编订《宋书》时，大部分是依据徐爰的旧本，成稿比较容易。计写成帝纪十卷、志三十卷、列传六十卷，共一百卷。

《宋书》“志”的部分最重要，可以补前史所未备。唐初修《晋书》诸志，便取材于此。计志序与律合为一卷、历二卷、礼五卷、乐四卷、天文四卷、符瑞三卷、五行五卷、州郡四卷、百官二卷，共三十卷。人们多以志中论列一事，每每远溯三代，近及秦汉，而尤详于魏晋，颇与断代为书的体例不合，但是《宋书》的优长处也正在这里，对于前史做了补阙拾遗的工作。即如读《三国志》，便可参览《宋书》八志，以考见其制度沿革，切不可以其标题为《宋书》，而忽略了它。

《齐书》

梁萧子显所作。子显原籍兰陵，是齐高帝萧道成的孙，豫章王萧嶷的第八子。《梁书》本传称其"著《齐书》六十卷"，《隋书·经籍志》亦载"《齐书》六十卷，梁吏部尚书萧子显撰"，是知此书原名《齐书》，其上并无"南"字。《唐书·艺文志》称"萧子显《齐书》六十卷，李百药《北齐书》五十卷"，是知唐修《北齐书》后，此书犹仍旧称。大约到宋代才加上一个"南"字，以别于李百药的《北齐书》。原书六十卷，亡其自序一篇，今存五十九卷。计帝纪八卷，志十一卷（礼、乐、天文、州郡、百官、舆服、祥瑞、五行），列传四十卷。

在封建社会里，修史的人们，大半是站在统治阶级立场来叙述旧事的，自然信史很少。况且出于帝王子孙之手，更多曲笔。南宋学者王应麟《困学纪闻》卷十三说过："子显以齐宗室，仕于梁而作齐史，虚美隐恶，其能直笔乎？"我们根据王氏所言，去检寻全书，果然萧子显替祖父所作本纪，于宋齐革易之际，多所回护，但云顺帝逊位，不见篡夺之迹。又替他父亲豫章王作传，铺张至九千余字；且不入高祖十三王传内，编入三十五卷；而另立一传，编在二十五卷，与文惠太子相次，想以此提高他父亲的地位。这都是专凭私意来从事写作的。但是从这部写作的全面来看，也仍有它的可取的价值。首先在叙事方面，文字颇简洁，唐初李延寿编写《南史》时，对于《宋书》删多增少，于《南齐书》则有增无删。其次在取材方面，保存了一些重要资料。例如卷五十二《檀超传》中载及修史条例，文虽短简，价值却高。加以列传中多用类叙法，极为得体。由一事而推及他事，由一人而兼叙若干人。赵翼亟称这种方法为最善（见《廿二史札记》卷九），学者可从其中吸取贯穿史事比类错综的方法。

《梁书》

《陈书》

两书都是唐初姚思廉根据他的父亲姚察的旧稿加以补充整理而后写成的。考《陈书》卷二十七《姚察传》云："梁陈二史，本多是察之所撰。其中序论及纪传有所缺者，临亡之时，仍以体例诫约其子思廉，博访续撰。"《旧唐书》卷七十三《姚思廉传》叙述贞观三年（公元629年），"又受诏与秘书监魏徵同撰梁陈二史。思廉又采谢炅等诸家梁史，续成父书，并推究陈事，删益博综顾野王所修旧史，撰成《梁书》五十卷、《陈书》三十卷。魏徵虽裁其总，论其编次笔削，皆思廉之功也”。据此可知这两书是唐太宗时官修书中之私撰者。当时魏徵，不过领监修之职，而秉笔实思廉一人，所以卷端便不题魏徵名。由于修书时是以姚察的原稿为蓝本，保存了姚察的许多议论，所以纪传之末，很多地方有“陈吏部尚书姚察曰”等字样。《梁书》计本纪六卷、列传五十卷，共五十六卷。《陈书》计本纪六卷、列传三十卷，共三十六卷。《旧唐书·姚思廉传》所称五十卷、三十卷的数字，大约当时只举两书列传而言，因本纪之作，多系前人旧稿，思廉所自撰者，列传之功为多。

唐初文体，崇尚骈俪。姚氏父子则不然，颇有意力矫浮华萎靡之习。赵翼《廿二史札记》卷九有“古文自姚察始”一条，说明六朝之后，姚氏父子已振文体于陈末唐初。所以单从文体来说，姚氏的写作，也仍然是足以自立的。

《魏书》

北齐魏收所作。收于北齐文宣帝高洋天保二年（公元551年），受诏修辑魏史，当时并指定许多人参加这种工作，但实际动手写作的，只收一人。所以这次工作，表面上似乎是开了唐初设馆修史的先声，其实此书确与私撰无异。天保五年（公元554年）书成，奏上。计帝纪十二，为卷十四；列传九十二，为卷九十六；志十，为卷二十：共一百三十卷。书初成，议者纷起，后来改修的很多，隋代有魏澹等所修《魏书》九十二卷,《唐书·艺文志》又著录张太素《后魏书》一百卷，今皆不传。唯魏收书岿然独存，自然有它的可以永传的价值。

《魏书》卷帙较繁，原书已多缺佚，今所行本，为宋刘恕、范祖禹等所校定，为一百十四卷。其中保存了不少有关北方民族活动的事实和道教、佛教斗争的始末，特别是《释老志》，为前此所无，考宗教源流的，必从此入门。但是从全书来看，缺憾仍多。由于魏收在北齐修《魏书》，想以齐继魏为正统，所以从孝武帝后，即继以东魏孝静帝；而孝武帝以后诸帝（文帝、废帝、恭帝），不复作纪，因此事实多缺。魏澹所作《魏书》，虽以西魏为正统，而其书不传。清代谢启昆，有《西魏书》二十四卷（广州局本），足补旧史之缺，宜参看。

《北齐书》

唐初李百药所作。百药父德林，在北齐预修国史，原来便整理成很多的稿子。唐贞观元年（公元 627 年），乃敕百药仍其父旧录，杂采他书，演为五十卷，原名《齐书》，到宋代才加上“北”字，以别于萧子显所著的《南齐书》。但是从北宋以后，这书也渐就散佚，晁公武《读书志》中已称此书残缺不全。今所行本，系后人杂取《北史》和其他书籍以补其亡佚。钱大昕《廿二史考异》审定百药原本，仅存十八篇。今所行本，计本纪八卷、列传四十二卷，共五十卷。

《周书》

唐初令狐德棻所作。太宗贞观年间，修梁、陈、周、齐、隋五史，是令狐德棻首先向最高统治者建议的。而德棻专领《周书》，计成本纪八卷、列传四十二卷，共五十卷。自北宋以后，书多散佚，残阙尤甚。后人采《北史》以补之，又多窜乱。

《隋书》

唐初魏徵等所作。贞观三年（公元629年）诏徵等修隋史。十年（公元636年），成帝纪五、列传五十，共五十五卷。十五年（公元641年），又诏修梁、陈、齐、周、隋《五代史志》，高宗显庆元年（公元656年），成十志三十卷。其后将十志编入《隋书》，故共为八十五卷。据刘知几《史通》所载，当时作纪传的是颜师古、孔颖达，作志的是于志宁、李淳风、韦安仁、李延寿、令狐德棻，都是一时的能手。虽众手修成，抵牾难免，但是从大体来讲，在官修诸史中，可算是较好的写作。

《隋书》十志，统括了南北朝时典章文物之全，实为梁、陈、齐、周、隋五代史作，所以又称《五代史志》。今人每苦读《南北史》时，无志可稽，其实《隋书》十志，可以补《南北史》之不足。赵翼《陔余丛考》卷九，以为“隋志应移于《南北史》之后，以成完书”，最为有识。隋志可以补《南北史》之缺，犹《宋书》诸志，可以补《三国志》之缺。学者不可因为书的标题为断代史体，而忽略了志的作用。

以上《宋书》《齐书》《梁书》《陈书》，为南朝四史；《魏书》《北齐书》《周书》《隋书》，为北朝四史（将隋事编入北朝之史，始于李延寿《北史》）。因诸史都标立“书”名，所以昔人将其合称为“八书”。从唐初李延寿删“八书”为《南史》《北史》，篇卷较简，于是“八书”便渐渐无人过问了。一直到宋代刻印书籍之术盛行，于是“八书”复显。赵翼《廿二史札记》卷九说过：“南北八朝史，《宋书》成于齐，《齐书》成于梁，《魏书》成于北齐，其余各史，皆唐初修成。然虽成于唐初，而天下实未尝行也。观苏洵等进《陈书》云：‘《陈书》与《宋书》魏齐梁等书，传之者少，秘书所藏，亦多脱误。嘉祐六年，始诏校雠。因臣等言恐馆阁所藏，不足以定，请诏京师及天下藏书家，使悉上之。至七年冬，始稍稍集，因得借以参校。’又刘攽等校《北齐书》云：‘《文襄纪》，其首与《北史》同，而末多取《魏孝静帝纪》；其与侯景书，则载《梁书·侯景传》内；此外序列尤无伦次。盖原书已散佚，后人杂取《北史》及高氏《小识》等书以补之者。’是宋时并已失其原本，虽购之天下，亦终无由订正也。可见各正史，在有唐一代，并未行世，盖卷帙繁多，唐时尚未有镂板之法，必须钞录，自非有大力者，不能备之。唯《南北史》卷帙稍简，钞写易成，故天下多有其书，世人所见八朝事迹，唯恃此耳。若无镂板之法，各正史盖已一部不存矣。”梁章钜《退庵随笔》卷十四也说：“自《南北史》行而八书俱微，诵习者鲜，故愈久而阙佚愈甚。”由此可知今日究览八书，又非取《南北史》对照不可。

《南史》

《北史》

两书联贯数代，似乎是通史体例，其实它是删并几部断代史而成，内容又只有纪传，和那通贯古今包罗万象的通史体例，有所不同；所以仍列在南北朝八书之后。

此两书皆唐初李延寿所作。《旧唐书》卷七十三称延寿“贞观中尝受诏同修《五代史志》及预修《晋书》，又尝删补宋、齐、梁、陈及魏、齐、周、隋等八代史，谓之《南北史》，凡一百八十卷”。可知《南北史》是“八书”的删订本，也可称为“八书”的简编。而这一删订工作，也还是在李延寿的父亲已经整理过的旧稿基础上完成的。《新唐书》卷一百二称：“延寿父太师，多识前世旧事，常以宋、齐、梁、陈、齐、周、隋天下参隔，南方谓北为索虏，北方指南为岛夷，其史于本国详、他国略，往往訾美失传，思所以改正，拟《春秋》编年，刊究南北事，未成而殁。延寿既数与论撰，所见益广。乃追终先志，本魏登国元年（公元 386 年），尽隋义宁二年（公元 618 年），作本纪十二、列传八十八，谓之《北史》；本宋永初元年（公元 420 年），尽陈祯明三年（公元 589 年），作本纪十、列传七十，谓之《南史》。凡八代，合二书百八十篇上之。其书颇有条理，删落酿辞，过本书远甚。”这段记载，将编书原委起讫，说得很清楚。

阅览《南北史》时，仍须取八书仔细对勘，可以看出八书和《南北史》不同之处。明末有扬州兴化人李清，便做过这方面的细密功夫。他曾经仿裴松之注《三国志》的体例，采取八书中不同于《南北史》的材料，分注于《南北史》正文下，成《南北史合注》一百九十一卷。学者观此一书，可以节省翻检八书的烦劳，自然是一部有用的书。清乾隆时，此书本已收入了《四库全书》，后来发觉他所著《诸史同异录》内称清世祖与明思宗四事相同，以为拟非其伦，触犯清廷忌讳，遂将著录各书，悉为撤去。今其稿尚存北京图书馆（注：今国家图书馆）。

清末李慈铭《越缦堂日记》云：“八书中以《陈书》及《北周书》为最下：盖思廉颇拙于文，《梁书》多因其父，经历两世，纂沓既详，论议亦美，《陈书》则殊草草，且一意主简，事迹多缺；北周制度文章，多拟古昔，德棻又志矫浮靡，颇刊绮辞，而综核未精，甄审失当，又篇简残缺，尤甚他书。然《南北史》多以一家合传，意重谱系，致时代不分，先后失叙。故八书必不可少。而八书中尤要者，宋隋两书，次则《魏书》《南齐书》《梁书》。盖五书皆详赡有体例，符玺刊落较多也。自明季李映碧、近时童石堂，皆以八书注《南北史》，虽取便披览，终未允当。窃谓本纪宜用《南北史》，列传宜用八书，而去其重复，平其限断，除其内外之辞，正其逆顺之迹，更以彼此互相校注；志则用《隋书》中五代史志；而注以宋魏南齐诸志。庶为尽善矣。”（《籀诗研疋之室》日记丙寅八月）李氏这段议论，更进一步推见八书优劣，以及和《南北史》相互校读之法，至为明晰，替研究南北朝史实的人们，指示了一条用功的途径。

《旧唐书》

旧题晋（五代时）刘昫撰。其实此书之成，监修为赵莹，纂修为张昭远、贾纬、赵熙诸人，《廿二史札记》卷十六，考其原委甚明，不过书修成时，恰是刘昫做宰相，由他在后晋出帝开运二年（公元 945 年）六月奏上，于是便题昫名。从唐以下，每修前代史书，必以官高位崇者一人领监修职，因以独居撰著之功，差不多成为官修诸史的通例了。此书凡本纪二十卷、志三十卷、列传一百五十卷，共二百卷，原称《唐书》，自北宋时欧阳修、宋祁的《新唐书》出，才加上一个“旧”字以示区别。

《新唐书》

北宋仁宗时（公元 1023 年—1063 年），欧阳修、宋祁奉敕重修唐史。当时监修为曾公亮，所以《进书表》上以公亮为首，至于编纂，本纪、志、表部分系欧阳修作，列传系宋祁作。欧阳、宋两人修书，并不同时。宋氏修列传，凡十余年而后成；欧阳氏修本纪、志、表，也经历了六七年，上距宋氏书成，约二十余年（王鸣盛《十七史商榷》卷六十九考证最明）。其初本各不相谋，后来合为一书，自然免不了抵牾和错误。计本纪十卷、志五十卷、表十五卷、列传一百五十卷，凡二百二十五卷。当时有吴缜著《新唐书纠谬》二十卷（知不足斋丛书本），但就本书取证，甚详备，可参考。

新旧《唐书》各有短长，如能舍短取长，合为一编，对于研究唐代二百九十年间史实，比较完密可据。清儒沈炳震有《新旧唐书合钞》二百六十卷，便是综合二书写成的。其书纪传多从旧书，而以新书分注于下，但宣宗以下诸纪，又多从新书增入。列传中取于新书的尤多，大抵穆宗长庆以前，旧书为备，所以都用旧书为正文；长庆以后，阙遗太多，便取新书附于旧书正文之后。至于诸志，如历、天文、五行、地理、兵、仪卫六志皆用新书；而乐、职官、舆服、经籍、刑法五志仍以旧书为正文，以新书分注其下；礼、选举、食货、三志新旧参用。又别撰《宰相世系表订讹》十二卷，附于书后（海宁查氏刻本，又有钱塘吴氏重刻本）。沈氏书成于清初雍正年间，至清末王先谦又有《新旧唐书合钞补注》二百六十卷，书成未刻。从前听说王氏后人拟交商务印书馆付印，迄未出版。

《旧五代史》

旧题宋薛居正撰。宋太祖开宝六年（公元 973 年）四月，诏修梁、唐、晋、汉、周书，卢多逊、扈蒙、张澹、李昉、刘兼、李穆、李九龄同宰相薛居正等监修。七年（公元974年）闰十月书成，凡一百五十卷：计梁书二十四卷，唐书五十卷，晋书二十四卷，汉书十一卷，周书二十二卷，世袭列传二卷，僭伪列传三卷，外国列传二卷，志十二卷，共为纪六十一卷，志十二卷，传七十七卷。此书名似通史，实系综合体的断代史。其所取材全采各朝实录，所以成书很快，记载五代五十三年间史事，为书至百五十卷，保存了丰富的史料。其后欧阳修的《新五代史》出，学者便偏重新编。金章宗泰和七年（宋宁宗开禧三年、公元1207年），诏新定学令内，削去薛氏五代史，只用欧阳修所撰，于是研习薛书的更少。元承金制，薛史传本日稀。明初辑《永乐大典》虽采薛史入录，但割裂淆乱，失去了原本篇第的旧秩。清乾隆时修《四库全书》，求薛史原本已不可得，馆臣邵晋涵就《永乐大典》中甄录排纂，并采《册府元龟》所引以补其缺，又不足，更取宋人所著如《太平御览》《五代会要》《通鉴考异》等书凡数十种，或入正文，或作附注，一一载其来历，仍依原书卷数，勒成一编，即今通行之本。

此书在元明时，固已流行不广，但流落人间之本，仍未全绝。明末黄宗羲即有其书，当吴任臣作《十国春秋》时，即曾向他借阅，事见《南雷文定》。后来黄氏藏书，尝毁于水，身后又遭火灾。全祖望所撰《二老阁藏书记》，载其情形甚详，此书当不能免于水火之厄。然近人歙县汪允宗（德渊）实藏有金承安四年南京路转运司刊本薛氏《五代史》一百五十卷，张元济《校史随笔》下册，载其事至悉。又转录汪氏《货书记》一篇，始知其书已于1915年在香港卖给广东书贾，自此便不知下落。后来商务印书馆影印百衲本廿四史时，百计访求，终不能得。又有人实知汪氏藏本，后为丁乃扬所得，乃扬秘不示人，托言移家失去。那么薛氏原书，到今天或者尚在人间，惜无由踪迹之。

《新五代史》

宋欧阳修所作。此系欧阳氏一人之力，就薛史重修。当时未进于朝，修殁后，统治者始为刊布行世。原名《五代史记》，后人为与薛史区分，因改称《新五代史》，计本纪十二卷、列传四十五卷、考三卷、世家十卷、十国世家年谱一卷、四夷附录三卷，共七十四卷。

欧阳氏在北宋，以文章名，道学先生的意味也很浓厚，叙述五代史事，慨叹世情的话极多，几乎每篇都有“呜呼”二字发端，学者多所厌苦，加以处处模仿《春秋》义法，以一字寓褒贬。有时模仿太过，甚至文理有不通处。钱大昕《十驾斋养新录》卷六说过：“欧阳公《五代史》，自谓窃取《春秋》之义，然其病正在乎学《春秋》。如唐《废帝纪》，清泰三年十一月丁酉，契丹立晋。案《春秋》‘卫人立晋’，晋者，公子晋也；立者，立其人也。此纪石敬瑭事，当云：‘契丹立石敬瑭为晋帝’，方合史例。今乃袭用‘立晋’之文，此《史通》所讥貌同而心异者也。”这种指责，恰中其病痛。欧阳修写《五代史》，正和宋祁修《唐书列传》一样，喜用散文改造唐代骈文，有时用字造句，至晦涩而不可通。顾炎武《日知录》卷八，亦已举出他们的拘隘处，学者宜知其短。

欧阳氏是书初成，即有徐无党为之注。清代又有彭元瑞、刘凤诰合撰的《五代史记补注》七十四卷（原刻通行本）。根据俞正燮《癸巳存稿》所载，又知《补注》之作，俞氏实参与其事，其书以欧史为正文，又全录徐无党注，并以薛史和有关诸书，汇为《补注》，其体实无异于合钞，最便学者。

《宋史》

《辽史》

《金史》

此三书皆题元脱脱撰。元顺帝至正三年（公元1343年）三月，诏修宋、辽、金三史，脱脱时为右丞相，所以用他监修。到至正五年（公元1345年）十月，三史告成，为时不及三载，成书七百数十卷，虽有旧史为依据，但脱落疏漏以至重复叠见的地方至多，互相矛盾彼此抵触之处，所在皆是。《宋史》计本纪四十七卷、志一百六十二卷、表三十二卷、列传二百五十五卷，共四百九十六卷。《辽史》计本纪三十卷、志三十二卷、表八卷、列传四十六卷，共一百一十六卷。《金史》计本纪十九卷、志三十九卷、表四卷、列传七十三卷，共一百三十五卷。三史非特成于一时，有它们的联系性，即以研究当时史实而论，也必须相互参考以讨索其真相；所以治《宋史》者，必取辽金二史对勘，治辽金史者，又不能屏置《宋史》。但初学对这七百多卷的大部书，不免望洋兴叹。明人邵经邦有《弘简录》二百五十四卷，其意本为续《通志》而作，故合宋辽金三史为一，无异于成了三史的简本，初学得此，亦可守约。

自唐以来，官修诸史中，唯《宋史》最芜杂。而卷帙又繁多，元末周以立便有志改修《宋史》，惜未成书。明嘉靖中，统治者打算设馆重修，用礼部侍郎严嵩总理其事，也没有修成。唯王洙私撰《宋史质》一百卷，柯维骐独成《宋史新编》二百卷，虽各有优点，但仍不能令人满意。据钱谦益的记载，明代有志从这方面做工作的还有归有光、汤显祖、王惟俭，但都没有成功（见《有学集·跋东都事略》）。清代学者像黄宗羲、陈黄中、钱大昕、邵晋涵，并精熟宋代史实，有志改作，陈氏有《宋史稿》二百一十九卷，钱大昕称其书为未定之稿（见《潜研堂集·宋史稿跋》），邵晋涵曾经写《南都事略》，专详南宋事，以续王偁《东都事略》，也没有刊行。

《元史》

明宋濂等奉敕撰。明太祖洪武二年（公元1369年），诏修《元史》，恰逢其时从燕京得元十三朝《实录》，即于是年二月开局，八月书成。而顺帝一朝史实未备，再命欧阳佑等往北平采访遗闻。次年二月，诏重开史局，至七月书成。两次开局修史，第一次为时一百八十八日，续修时间为一百八十三日，前后为时仅及一年，成书太快，自然免不了缺略舛漏。全书计本纪四十七卷、志五十八卷（《四库提要》及《进元史表》皆称志五十三卷，误）、表八卷、列传九十七卷，共二百一十卷。

清代学者努力做了一番改修《元史》的工作，最初在康熙时，邵远平著《元史类编》四十二卷，对于《元史》大加纠正删补。乾隆年间，钱大昕也曾致力于此，仅写成《元史·艺文志》及《氏族表》一部分而止。道光咸丰间，魏源著《元史新编》九十五卷，凡本纪十四卷、列传四十二卷、表七卷、志三十二卷，一变旧史面目。其后曾廉又以此为蓝本，作《元书》，不甚佳。近人屠寄，参用中外史料，详加考订，更推广其研究范围，写成《蒙兀儿史记》一百六十卷，分订二十八册（1939 年出版）。屠氏认为蒙古史迹范围很大，如但称"元"，只能包举忽必烈入主中原以后的事迹，而自成吉思汗至忽必烈初年之事，与西域三大汗国之事，均不得称"元史"；并且成吉思汗初起，国号本称"蒙古"，至世祖八年，始改称"大元"，所以名其书为《蒙兀儿史记》。凡此数家，都是统括有元一代，而从事于改编重修工作的。此外如何秋涛的《圣武亲征录校正》，李文田的《元秘史注》，洪钧的《元史译文证补》，或校正字句，或疏明地理，或采用西方史料以证中土旧闻，都给研究《元史》的人们，提供了好的资料。最后有柯绍忞，便集诸家整理的成果，经过自己三十年的辛勤考校，写成《新元史》二百五十七卷，计本纪二十六卷、表七卷、志七十卷、列传一百五十四卷，精审过于旧书，以1930年著者自订最后定本为最善。天津徐氏为之精刻行世。1935年，开明书店据以缩印，可采用。

《明史》

清张廷玉等奉敕撰。最初在顺治二年（公元1645年），即诏修《明史》，无成而罢（见《东华录》）。康熙十八年（公元1679年），诏命再修，不久亦中辍。雍正二年（公元1724年）复诏续完其功，至乾隆四年（公元1739年）全书告成。其书绝大部分，是就王鸿绪的《明史稿》加以增减而成，而王氏《明史稿》实出万斯同之手。万氏受史学于黄宗羲，学问渊博，熟于明代掌故，当康熙十八年开明史馆时，万氏以布衣预修《明史》，时徐乾学任总裁，诸纂修官以稿至，皆送万氏核阅，考证旧事，至为精审。其他参加撰修的人们，也都是一时名士，加以经过了一个长时期的斟酌整理而后写定，所以过去学者们认为这部书在旧史中是比较“体例谨严、文笔雅正”的写作。全书凡本纪二十四卷、志七十五卷、表十三卷、列传二百二十卷，共三百三十二卷。

清初修《明史》，和历代开国时设馆整理前朝史实的做法一样，都是站在本朝立场来说话的。特别是清朝统一中国以后，关于他们祖先在未入关时的所作所为，忌讳尤深，因此修史者也就曲为回护。加以雍正乾隆时代，大兴文字狱，禁纲至密，当时秉笔修史的臣工们，谨慎小心，唯恐获罪，一切记载，都是仰承统治者的意旨来着笔的，自然够不上称为信史。所以今天研究《明史》，必以《明实录》为主（早已印行），凡是《明史》不载的事实，《明实录》都备载无遗，此其所以可贵。

此外，又如《皇明经世文编》五百零四卷，甄录至四百二十四家，共收文三千一百四十五篇。虽其间十之八九，系二百七十年间臣僚奏疏，却都是考证《明史》的绝好材料，特别是关于“防辽”“御虏”的计划和献策，可以考见满人没有入关以前的真实情形。此书为清代禁书，所以传本很稀，但大图书馆中，尚可借得。我往年读是书时，曾就其中最精粹的文字，选出三百零二篇，写成《皇明经世文编选目》一文，载 1947 年《兰州大学校刊》，后又收入《中国史论文集》，可供参考。其中并指出了很多不见于私家文集的重要资料的篇目。

《清史稿》

清遗臣赵尔巽、柯绍忞等撰。自从辛亥革命推翻清朝以后，即于 1913 年成立清史馆，以赵尔巽为馆长，以柯绍忞、王树枏、吴廷燮、夏孙桐等为总纂，其余纂修、协修，凡数十人，绝大部分都是清代遗老。1927 年，初稿编成，命名为“稿”，大约尚有留待后人删订的意思。初次排印，止数十部。后来运往关外，又增入张勋、康有为等列传，是为“关外本”，较关内本多出数传。1942 年，联合书店有缩印本，计本纪二十五卷、志一百三十五卷、表五十三卷、列传三百一十六卷，共五百二十九卷。

此书弊病极多，刊行不久，便引起舆论的抨击。《清史稿》既成于清朝诸遗老之手，更不识革命为何物，书中指洪秀全为“粤匪”，称郑成功为“海寇”，是不足奇怪的。但是其中错误缺漏，所在皆是，如果单把它看成史料，也应该参考其他书籍，加以补充和纠弹的功夫。好在《清实录》的全部，早已印行，近代史的资料，也都纷纷整理出版，学者着手研究清史，比过去容易多了。

第三节　断代史总的内容和读法

从前梁启超在谈到中国旧史的弊病时，指出了四大病源：“一曰，知有朝廷而不知有国家；二曰，知有个人而不知有群体；三曰，知有陈迹而不知有今务；四曰，知有事实而不知有理想。”（《饮冰室文集》之九《新史学》）这四点说得还是对的，尤以前二者为切中要害。我以为尚可补一语：“知有大汉而不知有少数民族。”因为我们今天要想在旧史中探索少数民族的文化，是很困难的。梁氏所举一、二两点，实际是一件事。由于旧史记载，是以封建帝王为中心，所以我们今天要想从那里面寻找人民生活、活动、斗争的史迹，也是极其缺乏的。关于这点，远在唐代，李翰所作《通典序》中便已说过："夫五经群史之书，大不过本天地，设君臣，明十伦五教之义，陈政刑赏罚之柄，述礼乐制度之统，言治乱兴亡之由，立邦之道，尽于此矣。非此典者，谓之无益世教，则圣人不书，学者不览，惧冗烦而无所从也。"又说："通典，非圣人之书，乖圣人之旨，则不录焉，恶其烦杂也。事非经国礼法程制，亦所不录，弃无益也。"据此，可知封建社会的学者们所编书籍，宗旨如此，任务如此，毫没有一书例外。何况每朝所修"正史"，是在统治者直接领导之下进行编纂的，"知有朝廷而不知有国家""知有个人而不知有群体"，是事实必然的归宿。但是这一大堆故纸，究竟还是今天必须凭借利用的史料，我们要运用马克思列宁主义的观点和历史唯物主义的方法对这些史料进行研究，因此我们仔细地有计划地去阅读它，还是很重要的，而且是必要的。

读书首必辨明体例，体例弄清楚以后，才会知道某些部分的材料，应该综合地去读，某些部分的材料，应该分析地去读。这种方法，应用于历代蝉联而下的纪传体断代史里，是极其需要而适合的。谈到纪传史的体例，便也离不开司马迁，他所著的书，虽系通史，但是以纪传为中心的写作方式，仍然是他开创的。不过从班固以下的史家，便运用这种方式到断代史的写作方面去了。所以当我们分析纪传史的体例时，为着探索本原，还必从《史记》说起。郑樵在《通志总序》里总括《史记》的体例说："本纪纪年，世家传代，表以正历，书以类事，传以著人。"这五种写作形式，只有"世家"一体，是司马迁用以记载贵族诸侯事实的，后来唯《新五代史》沿用这体，以纪五代十国，其他史籍，也就废置不用了（《宋史》列传内包含有"世家"一目，义例不同）。其次《史记》里面的"书"，从《汉书》以下，都改作"志"。现在说明纪传体断代史的体例和研究方法，只从本纪、列传、表、志四部分来谈。

在纪传体断代史里记载帝王事实的文字都称"本纪"。《史记正义》引裴松之《史目》云："本者，系其本系，故曰本；纪者理也，统理众事，系之年月，名之曰纪。"《史记索隐》也说："纪者记也，本其事而记之，故曰本纪。"可知本纪的作用，是以帝王为中心，按年月记载当时事实的，就它的实质来说，便是纪传史中的编年部分。例如《汉书》的十二篇本纪，从汉高帝元年起（公元前206年），到平帝元始五年止（公元5年），共二百一十一年的国家大事，像流水账一样依年月顺序记载在里面，这难道不是编年体的形式？如果从《汉书》以下把每代"正史"中的本纪联贯起来，直到《清史稿》为止，那么两千年间封建政权的措施和大的社会变化，都可考见了。如果再推而上之，把《史记》的五帝、夏、殷、周、秦诸本纪，加在汉代的上面，那么一部中国通史的轮廓，也约略可见了。北宋司马光编写《资治通鉴》，从战国起，到五代止，完全是以“十七史”的各史本纪为依据，再参以其他材料写成的。所以看诸史本纪时，可拿《通鉴》对看，知道司马光删略了哪些材料，增进了哪些材料，比较出来它们的同和异，也就可以领会出很多道理。

纪传体断代史列传中的人物，大半是大官僚、大地主，或者是学士、文人、科学家，总而言之，在封建社会的这些人物，都是围绕着统治者服务的，最高统治者每项措施，都是由他们去执行，所以“列传”和“本纪”，又是不可分离互相联系的写作。郑樵在《通志总序》中指出：“纪则以年包事，传则以事系人。”充分说明了“纪”和“传”相互为用的道理。《史记》创立列传体例时，是将重要人物各立“专传”以外，还将行事相似的人，汇叙在一起，为列“总传”。例如当时认为好的官吏，便汇叙为《循吏传》；有名的学者，便汇叙为《儒林传》。这例一开，于是历代“正史”，沿用其体。我们如果想找中国几千年中的学术源流派别，那么历代史中的《儒林传》，便是重要资源和根据。现在将《史记》以下各书有《儒林传》（《唐书》《新唐书》《元史》中为《儒学传》）的，举出如下：

《史记》《汉书》《后汉书》《晋书》《梁书》《陈书》《南史》《魏书》《北齐书》《周书》《北史》《隋书》《唐书》《新唐书》《宋史》《元史》《新元史》《明史》《清史稿》

历代史中的《文苑传》，又是后世学者们考镜文学源流变革和重要代表人物的依据，这例从《后汉书》才开始创立。现在将《后汉书》以下各史有《文苑传》(《南齐书》《梁书》《陈书》《隋书》《辽史》中为《文学传》,《金史》中为《文艺传》）的，举出如下：

《后汉书》《晋书》《南齐书》《梁书》《陈书》《南史》《魏书》《北齐书》《北史》《隋书》《唐书》《新唐书》《宋史》《辽史》《金史》《新元史》《明史》《清史稿》

如果照上面所开书名去“按图索骥”，将历代《儒林传》《文苑传》综合起来，再配合以历代《艺文志》或《经籍志》，似乎两千年间的学术盛衰、文学流派，都掌握在我们手中了，但其实大谬不然。因为凡是列在《儒林传》或《文苑传》中的人物，差不多都是二三流的角色，至于第一流的大学者或大文豪，他们在“正史”中都另有专传，这也是历代史列传的一个通例。举例来讲，《史记·儒林传》中，只列西汉一代几位大经师；像贾谊为汉初大儒，便自有传。《汉书·儒林传》中，也只举专门经学，至于董仲舒、司马迁、扬雄之流，都各有他们的专传。后汉的郑玄，还不是中国历史上杰出的大经学家吗？但是《后汉书》不列郑玄于《儒林传》，而自有传。《后汉书》创立《文苑传》时，也是如此。像张衡、蔡邕，都是中国历史上有名的大文学家，但是《后汉书》不列入《文苑传》，而各立专传。这种例子，不能尽举，历代史中，全是如此。由于那些杰出的人物，学问方面很宽，本不限于专经研究或一才一艺之长，不是总传所能范围，因之乃有特立专传的必要。如果没有通观全书，而徒拘守于历代《文苑传》，便来写文学史；死啃几篇《儒林传》，便来谈历代学术兴废；结果必致将第一流的学者文人都遗掉了，徒纠缠在二三流以下的人物考证，是不能说明任何问题的。

史书中的总传，是循着由合而分、由少而多的规律向前发展的，在这发展的过程中，也正反映了某一时期的学术思想界真实情况。例如《史记》创立《儒林传》，而所列者都是西汉初期的经生，照理讲，专门经学何能概括"儒"的全部？而竟列此一传，这便说明了汉代所谓"儒"，是以专门经学为重心的。《史记》《汉书》都没有《文苑传》，到《后汉书》，才创立了《文苑传》，后世史家，多沿其体，这又正确地反映了从东汉以下的知识分子，已经将"文"与"学"分了家。如是千余年间，既有"不'学'之文人"，也有"无'文'之学者"，史家将"儒林""文苑"分立二传，是必要的。

用这种看法去窥察诸史列传发展的情况，那么元人修《宋史》时，于《儒林传》外，又增立《道学传》，自然是宋代学术界的真实写照，当时实有这样的区别，史家自应别为之传。但是清代学者如钱谦益、黄宗羲、毛奇龄、朱彝尊、钱大昕这般人，对此都大加反对，《四库全书总目提要》也诋斥不遗余力。独章学诚说得很好："儒术至宋而盛，儒学亦至宋而歧。道学诸传人物，实与儒林诸公，迥然分别，自不得不如当日途辙分歧之实迹以载之。夫道学之名，前人本无，则如画马，自然不应有角；宋后忽有道学之名之事之宗风派别，则如画麟，安得但为麕而角哉！如云吾道一贯，不当分别门户，则德行文学之外，岂无言语政事？然则滑稽、循吏，亦可合于《儒林传》乎。"（《丙辰札记》）这见解是对的，阅读史传，必须有这种眼光。

历代史中的列传，仍以散传为最多。散传中又有专传、合传的不同。其人在历史上很重要、事实比较多，便替他立专传；其人事不太多，便找行事相近或时期相同的几个人合写在一起，成为合传。这两种形式的列传，在纪传体断代史中占组成部分的多数，相对总传言，可统称散传。

散传的读法，首先在能融会贯通，用错综参稽的方法去研究它。例如读《汉书》中的《董仲舒传》《司马迁传》，除取《史记》中的《儒林传》和《太史公自序》对照以外，还应细看《武帝本纪》，以明了他们的时代背景，知道董氏所上三策，对当日影响如何；在政治文化方面，起了什么变化；又知道司马氏为什么要著书；当时统治者的行事，提供了一些什么实际材料为他讽刺的根据。其次，学术体系也是不容忽视的，例如读《后汉书·郑玄传》，便应细读两汉书中的《儒林传》和《汉书·艺文志》。因为郑氏生于汉末，他研究群经，是“通学”的路子，和以前“今文”“古文”的专门大师有所不同，他遍注群经，沟通了古今文的说法。究竟什么叫“古文”“今文”？所谓齐、鲁、韩、毛的诗说，有何不同？初学如果全无所知，想读通《郑玄传》，是很困难的，所以必须细读两汉书中的《儒林传》和《汉书·艺文志》，才能弄清楚郑玄的学术体系。最后，对一个关系某一时期全局的重大人物，更必参合多方面的材料来理解他的传记。例如读《三国志·诸葛亮传》，除了刘备父子的传文应该细心对勘以外，又必找出当时魏吴方面和他对垒的人们的传文，反复寻味，再参考《华阳国志》所载，才能对诸葛亮有比较明确的认识。

至于有关一代政治改革的大政治家，不独身系当时，而且影响后世，当封建社会学者们编写传文时，有爱憎之私，无是非之公，那里面的记载，自然是不可信赖的。今天我们想用新观点去理解他，而加以适当的评价，势必博考群书，详加论证。这不独可补史传之缺，进一步也可重新改修旧传。不过这种工作，究竟不是初学所能办到的，在这里，我们姑举出以示例。

诸史列传中，不单是记录人物，也还有关于地域的记载，特别是我国各民族及其他外族的活动痕迹，都保存在列传中。《史记》一书，最先将“匈奴”“东越”“朝鲜”“西南夷”的风土民情以及社会活动，各为列传以载之，于是历代相承，也就沿用了这一体例。如果把它们联系起来，便可看出几千年来我国各民族之间及我国各民族和外族往来、斗争的情况，也可从这里面探索出我国文化与外来文化相互影响的渊源和关系。现在将历代“正史”中有关我国各民族和外族的列传，举出如下：

《史记》：《匈奴》《东越》《朝鲜》《西南夷》

《汉书》：《匈奴》《西域》

《晋书》：《四夷》

《宋书》：《夷蛮》《索虏》《胡氐》

《南齐书》：《魏虏》

《梁书》：《诸夷》

《南史》：《夷貊》

《周书》：《异域》

《北史》：《僭伪附庸》

《隋书》：《西域》《南蛮》《北狄》《东夷》

《唐书》：《西域》《南蛮》《北狄》《东夷》

《新唐书》：《西域》《南蛮》《北狄》《东夷》

《五代史》:《外国》

《新五代史》:《四夷附录》

《宋史》:《外国》《蛮夷》

《辽史》:《外纪》(高丽、西夏二国)

《金史》:《外国》

《元史》:《外国》

《新元史》:《外国》《云南湖广四川等处蛮夷》

《明史》:《西域》《外国》《土司》

《清史稿》:《土司》《属国》

以上所列,似乎是很多了,但这只是就诸史目录上已经标出了总传大题的抽举出来,至于目录上没有明显标出的还不少。例如《魏书》卷九十五、九十七、一百、一百一、一百二、一百三,这六卷内便完全是记载外国和我国少数民族的史料。还有在一部史书内,记载各民族的篇幅很多,一部分标出了总题,而另一部分没有标出总题的。例如《北史》列传中已有"《僭伪附庸》"的总传标题,但是卷九十四到九十九,这六卷里又满载了各外族列邦的事实,这都全靠在阅览时仔细留心,俾无遗漏。今天如果想从事国内少数民族历史的研究工作,这些篇目自然是不可忽视的材料。宋末马端临编述《文献通考·四裔考》,大部分是根据这些材料纂成的。如果谈到进一步深入钻研少数民族史实,除上列材料外,还应多多注意搜集少数民族自己的史料、传说,并参考诸史

《地理志》，以及边远省县的地方志书，来丰富自己研究的材料。谈到研究学问，绝没有不埋头伏案、用心研究，而专寻求门径与方法可以成功的，至于理解旧史，更没有专讲门径与方法的书籍。门径与方法的取得，必须在经常接触书本的过程中，才能逐步体认出来。没有长期的感性认识，而想获得原则性的理论知识，是极其困难的事。

以上已将“本纪”“列传”的内容和读法，介绍完了，现在再谈谈“表”“志”的内容和读法。

古人对于纷杂的事物，不容易用文辞来厘析的，便用列表的方法来以简驭繁。这种方法，起源很古，就目前存在的古书而论，以见于西汉司马迁《史记》里的《十表》为最早。但是汉人桓谭说过：“太史公《三代世表》，旁行斜上，并效《周谱》。”（见《梁书·刘杳传》引）那么，列表的方法，在周代便已有了，司马迁不过沿用旧体来统括杂乱的历史事件。司马迁在《自序》篇说：“并时异世，年差不明，作《十表》。”清末王先谦解释道：“并时，谓侯国同时；异世，谓世家传嗣。其年历差互，皆非表不明。”（见《汉书补注》）可以想见它的作用了。所以郑樵《通志总序》中极力推阐说：“《史记》一书，功在《十表》，犹衣裳之有冠冕，木水之有本原。”这并不是过分的夸扬。我们仔细研究从《三代世表》到《汉兴以来将相名臣年表》十篇的写作，差不多成了全书的纲领。年代远的，便用“世表”；年代近的，便用“年表”

或“月表”。而列表之际，各有不同，如《三代世表》，以世系为主；《汉兴以来诸侯年表》，以地为主；《高祖功臣侯者年表》，以时为主；《汉兴以来将相名臣年表》，以大事为主。皆各随事制宜，因机而变。这都由于费了周密的思考，才能成为伟大的创造性的体制，给后人以莫大的方便。像唐代史家刘知几，本来是反对列“表”的，在其所著《史通·表历篇》指出：“表次在篇第，编诸卷轴，得之不为益，失之不为损。用使读者莫不先看本纪，越至世家，表在其间，缄而不视，语其无用，可胜道哉！”这十分明显地在攻击“表”。但在《史通·杂说篇》却又说：“观太史公之创表也，于帝王则叙其子孙，于公侯则纪其年月，列行萦纡以相属，编字戢舂而相排。虽燕越万里，而于径寸之内，犬牙可接；虽昭穆九代，而于方尺之中，雁行有叙。使读者阅文便睹，举目可详，此其所以为快也。”这又在极力推崇它的作用。前后议论，判若两人。大概是由于表有存在的价值和显著的功用，刘氏也无从去推翻它。再就表的写作形式来说，能够以简驭繁，以类统杂，也是很合乎科学的一种编制方法。可惜的是旧史中“表”的内容，都是记载皇亲国戚、诸王将相、公卿大臣的兴废世系。现将历代史所列诸表的篇目，胪列如下。《史记》虽系通史体例，但为着不忘创始，故取以冠首。

《史记》：《三代世表》《十二诸侯年表》《六国年表》《秦楚之际月表》《汉兴以来诸侯年表》《高祖功臣

侯者年表》《惠景间侯者年表》《建元以来侯者年表》《建元以来王子侯者年表》《汉兴以来将相名臣年表》

《汉书》:《异姓诸侯王表》《诸侯王表》《王子侯表》《高惠高后孝文功臣表》《景武昭宣元成哀功臣表》《外戚恩泽侯表》《百官公卿表》《古今人表》

《新唐书》:《宰相表》《方镇表》《宗室世系表》《宰相世系表》

《宋史》:《宰辅表》《宗室世系表》

《辽史》:《世表》《皇子表》《公主表》《皇族表》《外戚表》《游幸表》《部族表》《属国表》

《金史》:《宗室表》《交聘表》

《元史》:《后妃表》《宗室世系表》《诸王表》《公主表》《三公表》《宰相表》

《新元史》:《宗室世系表》《氏族表》《三公表》《宰相表》《行省宰相表》

《明史》:《诸王表》《功臣表》《外戚表》《宰辅表》《七卿表》

《清史稿》:《皇子世表》《公主表》《外戚表》《诸臣封爵世表》《大学士年表》《军机大臣年表》《部院大臣年表》《疆臣年表》《藩部世表》《交聘年表》

由以上所列举的名目来看，自《汉书》以下历代史中

“表”的内容，无非是一种登记封建社会最高统治者周围亲密人物的统计表。在两千年间，一般封建学者，把这种登记表看得很重要，所以从《后汉书》以至《隋书》，虽都没有表，到清初万斯同写《历代史表》时，费了一番大力，依次第补上来了。今天站在人民的立场来看问题，自然不必纠缠于封建政权周围亲密人物兴废世系的考索，但是列表的方法，仍然是我们祖先在几千年前的一种杰出创造，我们必须接受这种科学方法，并加以改进，使之为人民服务，用以归纳社会变化的不同情况和民生日用的复杂事物，以及学术思想、典章文物。这也是历史研究工作者们所应该掌握的方法和技术。

“志”的地位，在旧史中，是与“表”并重的，但是“志”的作用，则较“表”为大。梁代江淹说过：“修史之难，无出于志。”郑樵在《通志总序》里根据江氏的话加以发挥道：“诚以志者，宪章之所系，非老于典故者不能为也，不比纪传。纪则以年包事，传则以事系人；儒学之士，皆能为之。唯有‘志’难。”这说明了修史的时候，以作“志”为最不易。我们进一步从研究的角度去看旧史中的材料，也以读“志”为最难。因为“志”所包含的内容很广，举凡自然现象和社会现象的知识都在里面，并且又各系专门知识，例如天文、地理、河渠、沟洫是自然现象的范围；礼乐、兵刑、食货、职官是社会现象的范围。旧史家认为单是“宪章之所系，非老于典故者不能为”，便只侧重在它所记载社会现象的一方面，而遗掉了它所记载关于自然现象的一方面，自然是不够全面的。

历代史志虽甚繁多，其实都经前人做过综合整理的功夫，我们已有现成的书可以参考。例如历代史中多有《食货志》，但到唐代学者杜佑编《通典》时，便写成《食货典》，将唐以上的经济情形，做了一个总结。南宋初年学者郑樵写《通志二十略》时，又有《食货略》。宋末马端临纂《文献通考》，更把它分细了，《文献通考》中的《田赋考》《钱币考》《市籴考》《征榷考》《土贡考》，都是由食货一门扩充的，除取材于"正史"《食货志》外，还加以旁书所载，丰富了它的内容。后来到清朝续修"三通"，成为"九通"，这方面的材料，一直记载到清朝止，所以读《食货志》时，必须去参考它。由此类推，无论哪一种必须精读的志，都可找专言典章制度的书，彼此互勘，就能看出历代相承的沿革同异，而收融会贯通之效。

第五章　断代编年体的实录

第一节　实录的体例和价值

在封建社会里，最高统治者——皇帝的左右，经常设有记事的史官，每天记录他的起居言行。这制度起源很早，到汉代便出现了“起居注”。《隋书·经籍志》说：

> 汉武帝有《禁中起居注》，后汉明德马后撰《明帝起居注》。然则汉时起居，似在宫中为女史之职。然皆零落，不可复知。今之存者，有汉献帝及晋代以来起居注，皆近侍之臣所录。

这段话，说得简明扼要，将“起居注”的原委，介绍得很清楚。《隋书·经籍志》并在史部新辟“起居注”一门，《旧唐书·经籍志》《新唐书·艺文志》都沿袭了这一体例。《旧唐书》且并“实录”入“起居注”，于是学者们便将“实录”和“起居注”，看成内容相同或相近的写作，那就错了。

大抵“起居注”多载最高统治者的生活细节，以及言论和举动，记录的范围较窄。“实录”，虽也以最高统治者为写作中心，但是涉及了国家大事以至发号施令的一切措施，记录的范围较宽。二者内容既有不同，自不能强合为一。唐太宗曾经想看一看“起居注”而不可得，后来他的臣工们删略国史，撰成《实录》二十卷献给他，事载《贞观政要》卷七。可知“起居注”和“实录”是两种写作。《隋书·经籍志》著录《梁皇帝实录》二种于杂史类，而不收入“起居注”内，可证二者是有区别的。

从唐代以迄清末，历代都有《实录》。每当最高统治者死去后，便组织人力就“起居注”“日录”“时政记”这一类的写作，用编年体汇辑成为《实录》，以备将来修史的采择。这里面包藏了丰富的资料，无异乎成了“正史”的长编。待“正史”修成，这长编由于卷帙浩繁，也就不易行之久远，所以唐、五代、宋、辽、金、元的实录，都已散佚。（唐宋实录，仅韩愈所撰《顺宗实录》五卷尚完好；钱若水所撰《宋太宗实录》二十卷，已残缺。）现在只有《明实录》和《清实录》，还比较完整地保存下来了。

由于唐宋以下官修“正史”，为体例所限，不可能将《实录》上面的材料，全都写进去。自然有别择去取，将《实录》

中的原始记载，割弃了一部分。当日所割弃的东西，在今天看来，或者反成为我们所十分需要的东西，那么，《实录》便可贵了。特别是每一王朝的“正史”，都修成于改朝换代之后。当代的统治者，或是前朝臣工，或是前朝敌国。对于前朝《实录》中所载君臣之际、两国之间的真实情况，讳忌尤深。修史时，不独不容转载；甚至还将事实加以歪曲，以欺蔽后世。例如清初修《明史》，凡涉及清代统治者祖先的生活、活动，多弃而不言。但明代《实录》，却记载得很详细。今天如果要研究清代统治者祖先们未入关以前的事迹，便不可不参考《明实录》。举此一事，可知《实录》的史料价值，是很高的。

第二节 《实录》的不可尽据

近代研究明清史的学者们，大抵尊信《实录》，过于“正史”。其实，《实录》和其他旧史料一样，有共同的缺点和不能令人满意之处。那里面的内容，岂能尽美尽善！清初史学家万斯同，是一个用功于明代《实录》最深的人。黄百家在所撰《万季野先生墓志铭》中，称万氏“于有明十五朝之《实录》，几能成诵”。可以想见其功力的深厚。而方苞所撰《万季野墓表》中，记载万氏自己的话，也说：

吾少馆于某氏，其家有列朝《实录》，吾默识暗诵，未敢有一言一事之遗。长游四方，就故家长老求遗书，考问往事，及郡志邑乘、杂家志传之文，靡不网罗参伍，而要以《实录》为指归。凡《实录》之难详者，吾以他书证之；他书之诬且滥者，吾以所得于《实录》者裁之。

从万氏这一段自我介绍的话里，可以看出他当日研究明史，是怎样地尊信《实录》！但是经过他找出多种材料和它对勘以后，便发现《实录》的漏洞很多，不能令人满意。他在《群书疑辨》卷十二之《读太祖实录》一篇中写道：

高皇帝以神圣开基，其功烈固卓绝千古矣。乃天下既定之后，其杀戮之惨一何甚也！当时功臣百职，鲜得保其首领者。迨不为君用之法行，而士子畏仕途甚于阱坎，盖自暴秦以后所绝无而仅有者。此非人之所敢谤，亦非人之所能掩也。乃我观《洪武实录》，则此事一无所见焉。纵曰为国讳恶，顾得为信史乎？至于三十年间，荩臣硕士，岂无嘉谟嘉猷，足以传之万祀者？乃一无所纪载。而其他琐屑之事，如千百丈长之祭文，番僧土酋之方物，反累累不绝焉。是何暗于大而明于小、详于细而略于巨也？洪武之史凡三修：其一在建文之世；其一在永乐之初；此则永乐中年，湖广杨荣、金幼孜所定也。吾意前此二书，必有可观，而惜乎不及见也。若此书者，疏漏已甚，何足征新朝之事实哉？君子即不观可也。

这仅仅是万氏读明代《实录》所写跋尾的一篇。这类写作保存在《群书疑辨》中的有二十篇之多。如果他对《实录》没有深入的研究，是不可能发现这些问题的。至于《实录》的不可尽据，清初学者胡承诺，在《绎志》卷十四《史学篇》，早就说过：

《实录》亦难言矣！唐太宗欲观起居注，褚遂良、朱子奢止之，不从。宰相不得已，撰次以呈。所书六月四日事，语多微隐，此日起居注，即他日《实录》，是《实录》有微词也。韩愈作《顺宗实录》，当时谓其繁简不当，叙事拙于取舍。穆宗、文宗，皆诏史官增定。而李汉、蒋系，皆愈婿也。适在显位，故改作者难之。韦处厚遂别作数卷，是《实录》有二本也。章惇、蔡卞谓《神宗实录》多诬，遂加考问。一时史官，莫不贬责。而攸等遂施改易，是《实录》有改本也。《明太祖实录》，凡三修而后成。焚其草禁中，副本藏文渊阁。是一代《实录》，未尝与众共见也。凡疏留中者，例不得登《实录》。所以谢铎检章纶《复储疏》不得，辄叹息泣下曰：

“纶《疏》动万言，竟一字不传，何以示天下后世？”力请于总裁，竟不可得。是《实录》所不载者，嘉谟嘉猷，无从搜罗。以此观之,《实录》焉可尽信耶？

胡氏此言，却又将历代修《实录》的通弊，很概括地揭露出来了。下至清代《实录》，也自然不能例外。所以我们今天阅读《明实录》和《清实录》，没有理由全盘信赖它。在封建社会里，每一围绕统治阶级而写成的史料，大半是奴为主言，不敢触犯忌讳，事实上也不可能直言无隐，将真实情况完全反映出来。我们懂得了这点，即使看到《实录》和其他旧史料一样，有共同的缺点和不能令人满意之处，也不足为怪了。《明实录》有 1940 年影印本（据江苏国学图书馆传抄本影印）自洪武迄崇祯凡十六朝，共二千九百二十五卷，分装五百册。《清实录》有 1936 年影印本（据故宫原写本），从《满洲实录》到《宣统政记》，凡十三朝，连总目录在内，共一百二十二帙，分装一千二百二十本。包罗丰富，足资参考。

第六章　专详治乱兴衰的政事史

第一节　总的说明

自从唐代史学家刘知几作《史通》，以“编年”“纪传”为二体，而归论到“丘明传《春秋》，子长著《史记》，载笔之体，于斯备矣”（《史通·二体篇》），由是旧史家们毫无例外地以《左传》为编年史之祖，《史记》为纪传史之祖。但是按事物发生、发展的程序来说，必然是先有文句简短的记载，经过逐渐改进和提高写作工具与技术以后，才能出现长篇的写作；先有单纯记录生产和生活经验的书籍，人们从而分析和总结经验，找出若干理论性的结论以后，才能出现叙事兼发议论的文字：这是必然的发展规律。我们根据目前还存在的周末鲁国的史记——《春秋》来看，文句极其简短朴质，每段记载最短的只有一个字，最长的也不过四十余字，这种简朴的形式，是当时所使用工具的物质条件所决定的。而后来，出现了像《左传》那样长篇大论并且拥有高度的修辞技巧的文字，这较之远古最原始的编年体史书，已经大大地改进提高了。

但是我们现在所要讲明的编年史，是指组织细密、条例清楚、叙事谨严而且是在纪传史提供了丰富材料的基础之上改编而成的一种新编年体史书。这种新编年体史书，到汉代才正式出现。梁启超说得很好："汉献帝以《汉书》繁博难读，诏荀悦要删之。悦乃撰为《汉纪》三十卷，此现存新编年体之第一部书也。悦自述谓：'列其年月，比其时事，撮要举凡，存其大体，以副本书。'又谓：'省约易习，无妨本书。'语其著作动机，不过节钞旧书耳，然结构既新，遂成创作。盖纪传体之长处，在内容繁富，社会各部分情状，皆可以纳入；其短处在事迹分隶凌乱，其年代又重复，势不可避。《汉纪》之作，以年系事，易人物本位为时际本位，学者便焉。悦之后，则有张璠、袁宏之《后汉纪》，孙盛之《魏春秋》，习凿齿之《汉晋春秋》，干宝、徐广之《晋纪》，裴子野之《宋略》，吴均之《齐春秋》，何之元之《梁典》……（现存者仅荀袁二家）。盖自班固以后，纪传体既断代为书；故自荀悦以后，编年体亦循其则。每易一姓，纪传家既为作一书，编年家复为作一纪，而皆系以朝代之名。断代施诸纪传，识者犹讥之；编年效颦，其益可以已矣。宋司马光毅然矫之，作《资治通鉴》以续《左传》。上纪战国，下终五代。

千三百六十二年间大事，按年纪载，一气衔接。”（《中国历史研究法》第二章）梁氏认为新编年体，汉人创例以后，两晋南北朝学者虽相继有所述造，但都只停留在断代的原则上有所编纂，到宋代才出现司马光的通贯古今的编年史，是中国史学界的一大创作。这种评断，是符合事实的。当司马光编《资治通鉴》将成，宋神宗便论定其书“贤于荀悦”，可知属稿之时，实承荀悦《汉纪》体例而作。《通鉴》写成以后，《汉纪》《后汉纪》这一类的材料，都包含进去了，现在介绍编年史的重要书籍，自以《通鉴》为中心。

第二节 《资治通鉴》的编述

《资治通鉴》的出现，是宋代史学的伟大成就，也是中国学术史上的一件大事。它根据丰富的旧史料，整理了从周威烈王二十三年（公元前 403 年）到五代时周世宗显德六年（公元 959 年）总计一千三百六十二年的史实，成为一部依时代顺序以年月为经的二百九十四卷的大著作。主编的人司马光，以宋英宗治平三年（公元 1066 年）受诏修史，到宋神宗元丰七年（公元 1084 年），中间经过十九年之久，才写成这部卷帙浩繁的编年史。在编述过程中，颇得力于以下几方面：

一、发挥了分工合作集体创造的力量。

这部书的编写，虽司马光总其事，但同时参加这艰巨工作的人还很多，特别是刘恕（字道原）、刘攽（字贡父）、范祖禹（字淳甫）是最有力的助手。根据司马光《与范淳甫手帖》所云：“隋以前与贡父，梁以后与道原，足下止修武德以后，天祐以前。”（此帖所云，与邵伯温《闻见录》所载略有不同）可知当日整理史料的分工情形是：自汉至隋归刘攽；自梁至周（五代）归刘恕；唐代归范祖禹。这三人都精熟旧事，各用所长，把材料整理好了，写成底本，司马光再加润色整理的功夫。刘攽的儿子刘羲仲说过：“先人在书局，止类事迹，勒成长编。其是非予夺之际，一出君实笔削。”（语见《通鉴问疑》）推知其他部分，亦必如此。

二、采用了由粗到精、由繁到简的组织材料的方法。

《文献通考》卷一百九十三，载乾道四年（公元1168年）李焘《进续通鉴长编的奏状》有云：“臣窃闻司马光之作《资治通鉴》也，先使其僚采摭异闻，以年月日为丛目。丛目既成，乃修长编。唐三百年，范祖禹实掌之。光谓祖禹：‘长编宁失于繁，无失于略。’今《唐纪》取祖禹之六百卷，删为八十卷，是也。”据此可知在编写《通鉴》的过程中，实先有丛目、长编两个阶段。丛目所以比次异闻，好像工厂中的原料品；长编便已加工制造，成为了工厂中的粗制品。这两种工作，都是助手们的事，到司马光笔削成书的时候，才由粗制品变成精制品。这种组织材料的工作，无疑是极其细密而艰巨的工作。

三、博采兼收，取材极其广泛，丰富了编年史的内容。

修书时所根据的材料，除《十七史》外，杂史多至三百三十二种。高似孙《纬略》称光编《通鉴》，有一事用三四处纂成者。《四库全书总目史部总叙》亦云："今观其书，如淖方成祸水之语，则采及《飞燕外传》；张象冰山之语，则采及《开元天宝遗事》：并小说亦不遗之。"可知当日搜辑资料的范围，是极其广泛的。由于取材的范围极广，因之所包含的内容也就特别丰富，这一点，在元代胡三省作《通鉴注》时，早已说过。《通鉴》卷二百十二，《唐纪》开元十二年注云："温公作《通鉴》，不特纪治乱之迹而已。至于礼乐历数，天文地理，尤致其详。读《通鉴》者，如饮河之鼠，各充其量而已。"《胡注》虽仅在此处发其凡，推之全书，莫不如此。

以上三点，是《资治通鉴》所以能写成一部有价值著作的基本条件。司马光除编订二百九十四卷的本书以外，又有《通鉴考异》三十卷，《通鉴目录》三十卷，都在宋元丰七年（公元1084年）随《通鉴》同时奏上。《考异》以明取材不同之故，《目录》以备检览之易，实为辅翼《通鉴》之作，特别是《考异》一书，把材料的异同说个清楚，以供读者参考，替后世史家开辟了道路，这是一种极仔细的工作。其后李焘《续通鉴长编》，李心传《建炎以来系年要录》，也都沿用其例，虽将考异之辞，散附各条之下，体式略有不同，但是考订的作用则一。这便是后世修史者们自注同异的所由始。

第三节 《资治通鉴》的续修

司马光的《通鉴》，编至五代时周世宗显德六年（公元959年）便止了，宋代以来的史实，有待于后人继续纂述。南宋李焘所作《续资治通鉴长编》，便是一部由私人积四十年精力编写成功的大部书，它虽只载北宋九朝的事迹（公元960—1127年），但是李氏原来编写的卷帙，大得十分惊人。《文献通考》卷一百九十三，登载了李氏进书的奏状四篇，一在隆兴元年（公元1163年），一在乾道四年（公元1168年），一在淳熙元年（公元1174年），一在淳熙九年（公元1182年），可知他这部书是分几次陆续献进朝廷的。他自己在奏状中并且申言："网罗收拾，垂四十年。"又说："精力几尽此书。"而马端临在《文献通考》里引他父亲马廷鸾的话，也指出此书"一百六十八年之事，以四十年而成"。这是何等耐心持久的艰苦工作！宋代公私书目，著录这书为一百六十八卷，大约是依北宋九朝一百六十八年的事迹，逐年为一卷。这书自宋以后，传本渐稀，到清代修《四库全书》时，从《永乐大典》中重新辑录，依文字繁简，别加厘析，定著为五百二十卷，仍然是卷帙浩繁的大著作。

继李焘《续通鉴长编》而续编的，便有李心传的《建炎以来系年要录》(《文献通考》作《系年要记》;《宋史·李心传传》作《高宗系年录》)，专载高宗一朝三十六年事迹，为书至二百卷，自然是很详尽的写作。这书从元以后，传本已稀，今通行本，也是清乾隆时从《永乐大典》中辑出的。

这两位李氏的书，虽不能直接上续司马光的《通鉴》，但却替后来修《续资治通鉴》的学者们准备了丰富的资料，提供了有利的条件。可惜明人在这方面做工作的人，并不知重视这些材料，像薛应旂的《宋元资治通鉴》一百五十七卷，王宗沐的《宋元资治通鉴》六十四卷，便是十分孤陋寡闻，连二李的书，并未寓目，更不必问及其他方面了。

清代初年，徐乾学纂成《资治通鉴后编》一百八十四卷，参加这次工作的，有万斯同、阎若璩、胡渭诸人，都是一时名流。所可惜的，便是资料赶不上元明的丰富了。关于北宋事迹，他们所依据的李焘《续通鉴长编》，是一百七十五卷的残本；而足本保存在《永乐大典》中的，尚未辑出。关于南宋事迹，连保存在《永乐大典》中尚未辑出的李心传《建炎以来系年要录》，他们也未及采用。此外，元人文集笔记散在《永乐大典》中的，也多没有见到，这自然是他们编述工作中的一个大缺憾。后来到乾隆年间，因四库全书馆开，佚书渐由《永乐大典》中辑出多种，于是毕沅就徐乾学本加以增减，分属僚友为之编订，为时二十年，编成《续资治通鉴》

二百二十卷。参加这次工作的如邵晋涵、章学诚都是史学名家，义例多由他们共同商定，而材料搜集较多。近世史家认为此书出而诸家续鉴可废，于是把它和司马光的书合刻起来，称《正续资治通鉴》。清末苏州书局有合刻本，近年世界书局有缩印小字本。

毕氏《续资治通鉴》，起宋太祖建隆元年（公元960年），到元顺帝至正三十年（公元1370年）便止，凡四百一十一年。照情理讲，以清代学者续修《通鉴》，应该写至明代末年为限，但是由于明清相距太近，清代统治者大兴文字狱，学者担心触犯忌讳，只得缺而不载，留待后人再补，这是当时续修《通鉴》的学者们的苦心。一直到清代末年，禁网渐疏，于是编述明代史实成为编年史的，便有两家：一为陈鹤的《明纪》，凡六十卷；一为夏燮的《明通鉴》，凡九十卷。《明纪》早出，又卷帙较简，所以后来苏州书局合刻《正续通鉴》时，并取《明纪》付刊，成为一系相联的书籍了。

第四节 《资治通鉴》的改编

——纪事本末体的出现

事物总是不断向前发展变化的，我国的历史书籍，也不能例外。纪传体的断代史多了，在客观要求上需要一种通贯历代、按年月次第叙述历史上重大事件的书籍，于是便出现了编年史。编年史仍然有它的缺憾，首先由于一件事情的首尾本末不相衔接，很不容易找清脉络系统，客观上又需要一种以编年史为基础，依照每件事的发生、发展和终结的次第，把材料编在一起的书籍。于是在十二世纪末期南宋淳熙年间，袁枢便做了这种工作。《宋史》卷三百八十九《袁枢传》称："枢常喜诵司马光《资治通鉴》，苦其浩博，乃区别其事而贯通之，号《通鉴纪事本末》。"可见这书是由他一人的力量改编《通鉴》而成的。

《四库全书总目》卷四十九《通鉴纪事本末提要》有云："纪传之法，或一事而复见数篇，宾主莫辨；编年之法，或一事而隔越数卷，首尾难稽。枢乃自出新意，因司马光《资治通鉴》，区别门目，以类排纂，每事各详起讫，自为标题；每篇各编年月，自为首尾。始于三家之分晋，终于周世宗之征淮南，包括数千年事迹，经纬明晰，节目详具，前后始末，一览了然。遂使纪传编年贯通为一，实前古之所未见也。"从这段简明的介绍里，便可知道纪事本末体的体制。章学诚《文史通义·书教下》说过："司马《通鉴》病纪传之分，而合之以编年；袁枢《纪事本末》又病《通鉴》之合，而分之以事类。按本末之为体也，因事命篇，不为常格，非深知古今大体，天下经纶，不能网罗隐括，无遗无滥。文省于纪传，事豁于编年，决断去取，体圆用神，斯真《尚书》之遗也。

在袁氏初无其意，且其学亦未足与此，书亦不尽合于所称，故历代著录诸家，次其书于杂史，自属纂录之家便观览耳。但即其成法，沉思冥索，加以神明变化，则古史之原，隐然可见。书有作者甚浅而观者甚深，此类是也。故曰：‘神奇化臭腐，而臭腐复化为神奇’，本一理耳。”章氏推崇纪事本末体的优越性是对的，但硬要把它说成是《尚书》的遗教，便不免牵强。大抵宋人治学，喜勤动笔，每遇繁杂的材料、难记的事物，便手抄成册，以便浏览，他们对于群经诸子，莫不如此。袁氏抄《通鉴》，原来是为着帮助记忆和便利检寻，本没有著书的意思，等到书写完后，便自然形成了一个崭新的写作形式，替史学界开辟了一条新的道路，这是袁枢本人所意料不到的。定要说这种体例出于《尚书》，未免与事实不符，学者正不必强将后出新体，一概认为是出于古书。

梁启超在《中国历史研究法》第二章说过：“善钞书者，可以成创作，荀悦《汉纪》而后，又见之于宋袁枢之《通鉴纪事本末》。编年体以年为经，以事为纬，使读者能了然于史迹之时际的关系，此其所长也。然史迹固有连续性，一事或亘数年或亘百数十年，编年体之纪述，无论若何巧妙，其本质总不能离账簿式。读本年所纪之事，其原因在若干年前者，或已忘其来历；其结果在若干年后者，苦不能得其究竟，非直翻检为劳，抑亦寡味矣。枢钞《通鉴》，以事为起讫；千六百余年之书，约之为二百三十有九事，其始亦不过感翻检之苦痛，为自己研究此书谋一方便耳。及其既成，则于斯界别辟一蹊径焉。……盖纪传体以人为主，编年体以年为主，而纪事本末体以事为主。夫欲求史迹之原因结果以为鉴往知来之用，非以事为主不可，故纪事本末体于吾侪之理想的新史最为相近，抑亦旧史界进化之极轨也。”这种评论基本上是适当的。这种体例一开，后人模仿的更多。清末李铭汉有《续资治通鉴纪事本末》一百十卷，是根据毕沅《续资治通鉴》而从事编述的。此外仿袁氏体例而继作者甚多。我们如果抽出重要的几部，依时代先后把它们排列起来，从远古到清代，都可贯穿到底。兹备录如下：

一、《绎史》一百六十卷　清马骕著，起远古讫秦末，通行石印小本甚便。

二、《左传事纬》十二卷　清马骕著，此书胜于高士奇《左传纪事本末》，汉阳朝宗书室活字版本。

《左传纪事本末》五十三卷　清高士奇著，商务印书馆国学基本丛书本。

三、《通鉴纪事本末》四十二卷　宋袁枢著，商务印书馆国学基本丛书本。

四、《续通鉴纪事本末》一百十卷　清末李铭汉著，李氏武威人，书系家刻。如不易得，可以《宋史元史纪事本末》代之。

《宋史纪事本末》二十六卷　明陈邦瞻著，商务印书馆国学基本丛书本。

《元史纪事本末》四卷　明陈邦瞻著，商务印书馆国学基本丛书本。

五、《明史纪事本末》八十卷　清谷应泰著，商务印书馆国学基本丛书本。

六、《清史纪事本末》八十卷　清黄鸿寿著，坊间通行本。

第七章　专详文物典章的制度史

第一节　总的说明

从继承祖先们文化遗产的事业来说，只有编造百科全书式的通史的工作为最伟大、最艰巨，自从两千年前大史学家司马迁创立了庞大的规格以后，在长期封建社会里，便无人具此渊博的学识、雄伟的毅力，来继续完成这种繁难的任务。司马迁的《史记》，既有“纪”“传”以载人事变化，又有“八书”以纪自然现象的天文、地理和社会现象的文物制度，差不多将六合之内所有的知识，都汇纳无遗了。后人无以为继，便只能各效其一体，或者“具体而微”。从班固以下断代为书的纪传史，便是所谓“具体而微”的模仿作品。其次衍其一体而为书的，却分两大支：一是将历代治乱兴衰的大事，依时代顺序写为一书，这是从《史记》本纪列传，下联历代纪传的材料，整理而成的，一变而为司马光的《通鉴》，再变而为袁枢的《纪事本末》；而另一支，便是将历代典章文物的沿革，依时代顺序编为一书，这是从《史记》八书下联历代史志的材料整理而成的，这种工作，发端于唐人。梁启超《中国历史研究法》第二章说过："纪传体中有书志一门，盖导源于《尚书》，而旨趣在专纪文物制度，此又与吾侪所要求之新史较为接近者也。然兹事所贵在会通古今，观其沿革。各史既断代为书，乃发生两种困难：苟不追叙前代，则源委不明；追叙太多，则繁复取厌。况各史非皆有志，有志之史，其篇目亦互相出入，遇所阙遗，见斯滞矣，于是乎有统括史志之必要。其卓然成一创作以应此要求者，则唐杜佑之《通典》也。"这便很具体地指出了制度史的重要性，但在唐代以前，诚然是没有人在这方面做过编述工作的。

第二节 《通典》和《文献通考》的内容和体例

唐代学者从事于制度史专著的编述，就现存的书而论，固然以杜佑《通典》为最先，其实在杜氏前，还有刘知几的儿子刘秩，作过《政典》三十五卷（见《旧唐书》卷一百二《刘子玄传》）。杜氏是根据刘氏原著，广其未备，参以开元礼，勒成《通典》二百卷，分为食货、选举、职官、礼、乐、兵刑、州郡、边防等八门，每门又各分子目，成为我国史学界有系统、有门类、专载历代制度最早的一部书。该书对于古代礼制，阐述尤详，全书二百卷，《礼典》便占去一百卷（历代沿革六十五卷，开元礼三十五卷），可算是极其详尽了。今日欲有系统地考见唐以前的礼文仪节、制度典章，自然以此书为资料的渊薮。不过这部书从远古叙述起，到唐代天宝年间便止了，天宝以后，每一制度的沿革，应该继续辑述，加以杜氏所分门类太宽，还可细加厘析。宋末马端临，便针对这种要求，在杜氏《通典》的原有基础上，加以推广和补充，写成了《文献通考》三百四十八卷。

《文献通考》分为二十四门：一、田赋，二、钱币，三、户口，四、职役，五、征榷，六、市籴，七、土贡，八、国用，九、选举，十、学校，十一、职官，十二、郊祀，十三、宗庙，十四、王礼，十五、乐，十六、兵，十七、刑，十八、经籍，十九、帝系，二十、封建，二十一、象纬，二十二、物异，二十三、舆地，二十四、四裔。其中只有经籍、帝系、封建、象纬、物异五门是《通典》原来没有而马氏新增辟的；其余十九门，都是在《通典》的原有基础上，离析其门类，加以充实而写成的。凡天宝以前史迹，做了拾遗补阙的功夫；从天宝到宋嘉定五年（公元 1212 年），马氏把它续修成功。这书所以名为“《文献通考》”（“文”指典籍，“献”指贤者），是指明他所依据的材料，不外两个来源：一是书本的记载，一是学士名流的议论。由于他是宋末宰相马廷鸾的儿子，对于他在当时搜集材料，接纳名流，都给予了极大的方便，所以他的书中，甄录时人议论极多，连他父亲的话，都采入了。

马端临既就杜氏《通典》补充其内容之所未备，分析其门类之所未详，并且把它向前发展了，可以说《通典》一书的精华，已包含在《文献通考》中了。今天如果单就考证宋以前历代制度的便利起见，但凭《文献通考》，已够统括一切。以后乾隆十二年（公元 1747 年），统治者敕令臣工采辑宋、辽、金、元、明五朝事迹议论，成《续文献通考》二百五十二卷。乾隆二十六年（公元 1761 年），又敕修《皇朝文献通考》二百六十六卷。清末吴兴刘锦藻，以一人之力，成《续皇朝文献通考》四百卷，直至宣统三年（公元 1911 年）清朝被推翻为止。于是中国几千年来的文物制度，便已有一系列的书籍，可供稽考了。

清末朱次琦说过："《九通》，掌故之都市也；士不读《九通》，是谓不通。"（《朱九江先生年谱》）这句话表面看来，好像是极其冠冕堂皇似的，但是进一步去推敲，又是自欺欺人之谈。封建学者们将《通典》《通考》《通志》配在一块儿称为"三通"，从体例上讲，已经是极不合理，这在前面第三章已经说过了。而所谓"九通"，又是清乾隆时最高统治者，好大喜功，大规模地从事编辑类书的工作，用为粉饰太平的一种方法，盲目地将所谓"三通"一续再续，成为"九通”，至于是否必要，是否重复，当时是不暇考虑到的。这种将近两千卷的大部头书，从前大官僚大地主家庭的客厅里，照例是陈列着的，和那三千多卷的“廿四史”，同成为统治阶级的装饰品。今天我们实事求是，从寻找史料出发，便不要为这种大而无当的名称所吓倒，《文献通考》和它后出的几部续编，倒是我们考证历代典章制度的重要资源。

第三节　历代会要及近人所编各种专史的作用

制度史像《通典》《通考》，是通贯历代来编写的，也还有断代为书，专详一朝典章的。私人修撰，多称“会要”；出于官修，多称“会典”。这类书宋人为之最勤，宋初王溥有《唐会要》一百卷，《五代会要》三十卷；南宋末年，徐天麟又写成《西汉会要》七十卷，《东汉会要》四十卷；至于私人写作不以会要名书的，如李攸《宋朝事实》二十卷，李心传《建炎以来朝野杂记》四十卷，也都分门别类，把当代典章制度，叙述甚详（以上六种，均有商务印书馆排印本）。

宋代学者注意当代史实的整理，是宋代史学界的特色。统治阶级也就利用这种条件，来从事《宋会要》的编纂工作，前后组织人力，设馆分修，共历十次，成书凡二千二百余卷。政府特于秘书省设立“会要所”以专司其事，与国史、实录两院，及“日历所”互相联系。如此卷帙浩繁的大书，当时并未刊行。但明初其书尚存，修《永乐大典》时，曾采取以分隶各韵。清嘉庆十四年（公元1809年），徐松入“全唐文馆”，参加编辑《全唐文》的工作，才从《永乐大典》中录出，约得五百卷。1933年，由北平图书馆就徐氏原本影印，勒为二百册，是研究宋代典章制度的最好材料。

清代学者努力于纂辑断代体会要的却不少，像湘潭孙楷的《秦会要》二十六卷（家刻本。今人徐复有《秦会要订补》，1955年群联出版社出版），黄岩杨晨的《三国会要》二十二卷（家刻台州丛书后集本），江西龙文彬的《明会要》八十卷（广雅书局本），这都是已经刊布的书。此外如钱仪吉、朱铭盘，均有《两晋南北朝会要》，或未成书，或未刊布。

会要的体例和“正史”里面的“志”，以及《通典》《通考》，大致相近，但是它的任务，是在于把一代典章制度的沿革损益，做一极详细的综述，有些材料，往往出正史外，所以历史研究工作者，仍然很重视它。至于明清以来，始有会典，纯出官修，其体以吏、礼、兵、工、户、刑六部为纲，所重在章程法令，其例实导源于《大唐六典》，与会要的性质有所不同，是封建社会官场中必备的宪章，是封建士大夫们必须熟览的守则，参考价值不大。

此外，近人所编述的专史，如田赋史、教育史之类，也有参考的必要。这些材料，固然是从旧纸堆中来的，但是经过用科学方法专门研究、分析和整理以后，那些旧材料变成了有系统有条理的东西，这对考证典章制度来说，是一种大的进步。过去有很多学者，认为如果想要编写一部合乎理想的极其全面的中国文化史，必须先有若干种分科式的专史。往年商务印书馆拟延约专家，分写八十种专史，合为《中国文化史丛书》，结果才印完二辑共四十种，即因抗日战争开始，这工作便放下了。但是在这以前和以后，私人编写的专史不在《中国文化史丛书》以内的，也还不少。有许多已经超越了旧的政书之范围，而从事于社会事物的普遍了解，虽作者的观点方法，不必皆是，但是就整理材料来说，仍有可供参考之价值。

第八章　传记体的学术史

第一节　学说思想史

谈到中国学说思想史，自当溯源于诸子百家争鸣一时的春秋战国之际。像《庄子·天下篇》综论学术源流、百家同异，便具备了学说思想史的雏形。到了汉代，司马迁写《史记》，其中列传部分，以学者的传记为多。从管、晏、老、庄、孟、荀、申、韩、孙、吴、苏、张、计、范诸子，以及仲尼弟子，汉代儒林，屈、贾、邹、枚、司马、淮南的文学，扁鹊、仓公的方技，莫不详为列传，或连类附见。可知《史记》一书，通过列传来介绍学说思想，特为详尽。这便是后世学术史的先导。从《汉书》以下的历代"正史"，也都仿效这一体例，都有《儒林》《文苑》等传，叙述学术界的人物；其中更为重要的学者，又别立专传，介绍较为详细。那么，学说思想史的一大部分素材，也仍然保存在历代"正史"

之中。不过单自为书，写成专史，为时较晚了。

宋孝宗乾道九年（公元1173年），朱熹写成《伊雒渊源录》十四卷，记载周敦颐以下和程颢程颐兄弟交游、门弟子的言行，来说明他们学术的师承传授，已经是接近于学说思想史的专门写作了。到了明清之际的学者黄宗羲，写成《明儒学案》六十二卷，我国才正式出现比较有体系的学说思想史。在他以前，有周汝登写过《圣学宗传》；孙锺元写过《理学宗传》。黄氏对这些书，都不满意。于是搜采有明一代《文集》《语录》，分析宗派，写为《学案》。卷端冠以师说，列方孝孺以下十七人。卷一至卷四为《崇仁学案》，列吴与弼以下十人。卷五卷六为《白沙学案》，列陈献章以下十二人。卷七卷八为《河东学案》，列薛瑄以下十五人。卷九为《三原学案》，列王恕以下六人。卷十为《姚江学案》，列王守仁一人，附录二人。卷十一至十五，为《浙中王门学案》，列徐爱以下十八人。卷十六至二十四为《江右王门学案》，列邹守益以下二十七人，附录六人。卷二十五至二十七为《南中王门学案》，列黄省曾以下十一人。卷二十八为《楚中王门学案》，列蒋信等二人。卷二十九为《北方王门学案》，列穆孔晖以下七人。卷三十为《粤闽王门学案》，列薛侃等二人。卷三十一为《止修学案》，列李材一人。卷三十二至三十六为《泰州学案》，列王艮以下十八人，附录三人。卷三十七至四十二为《甘泉学案》，列湛若水以下十一人。卷四十三至五十七为《诸儒学案》，列方孝孺以下四十三人。卷五十八至六十一为《东林学案》，列顾宪成以下十七人。卷六十二为《蕺山学案》，列刘宗周一人。它的编述方法，首先替所收诸家分撰《小传》，来概括他们的生平；其次选录各家论学要语，来说明他们的宗旨。使读者对诸儒异同，有个全面了解。

《明儒学案》编成以后，黄氏又续纂《宋元学案》，仅成十七卷便死了。他的儿子百家，继续补修，也没有卒业。其中绝大部分，是后来由全祖望写成的。复经王梓材校补，共为书一百卷。体例一仿《明儒学案》，但组织材料更为严密。每一《学案》的前面，先立一《表》，备列师友弟子，以明学派渊源和传授系统。次立《小传》，再次录论学语，最后有《附录》，载其遗闻逸事和后人评论。这种编述方式，较之《明儒学案》，更有改进和提高了。后来王梓材又有《宋元学案补遗》百卷，刊入《四明丛书》，可参考。

清代学术界，从乾隆、嘉庆年间出现了“汉学”“宋学”之争以后，于是编写学术史的，便不免存门户之见，有所偏袒。像江藩《汉学师承记》的写成，是表扬考据之学的；唐鉴《国朝学案小识》的写成，是发明程朱之学的。显然各主一派，不全不备。后来徐世昌组织他的门客，编成《清儒学案》一百卷，内容也嫌芜杂，远远不能和黄、全两家的书媲美。近人唐晏，编述《两汉三国学案》十一卷（刊入《龙溪精舍丛书》），以《易》《书》《诗》《礼》《乐》《春秋》《论语》

《孝经》《孟子》《尔雅》诸经标目，将研究诸经的学者分列于下。末附《明经文学列传》，借以说明文章源于经术的意思。这书重在阐述经学传授，不足以概括两汉三国学术的全貌。我们今天，都应该知道这些书籍的偏蔽和短处。

第二节　科学发明史

在我国长期封建社会里，一般书籍中所侧重记载和谈到的，不外教人怎样修己治人的一套大道理。至于事物的发明、技艺的创造，却涉及很少。前者是抽象的、唯心的，古人却称之为“道”；后者是具体的、唯物的，古人却称之为“器”。《易·系辞》说：“形而上者谓之道，形而下者谓之器。”所谓“形而上”，是指那些眼看不见、手摸不着、超乎形迹之外的空论；“形而下”，是指那些有形迹可抚、有尺度可据的实物。《易·系辞》的那句话，正和《礼记·乐论篇》所说“德成而上，艺成而下”，互相发明，都具体地反映了长期封建社会里“贵德贱艺”“重道轻器”的思想。这种思想，一直笼罩着中国社会达两千多年之久，因而直接间接地阻碍了科学的发展。

我们知道，当秦代焚书的时候，明令规定：“所不去者，医药卜筮种树之书。”显然这都是属于科学技术方面的书籍。但是到了后来，这些被明令保护的东西，究竟没有留存下来；

那些被烧毁了的经传，经过儒生想尽方法，搜残补阙，终于恢复了一大部分。即就《汉书·艺文志》《隋书·经籍志》所载群书而论，其中科学书籍亦复不少，但流传到后世的却仍不多。这些具体事实，都足以说明由于“贵德贱艺”“重道轻器”的思想所支配而引起的后果，是十分严重的。我们今天，在汗牛充栋的古书中，固然找不到一部谈科学发明的专史；即使我们打算从事这一专史的撰述，也苦于没有丰富的资料可供采摭。

尽管我们祖先在长期劳动生产过程中，不断总结了所取得的经验和创造发明，就传世的几部专著而论，如《周礼》中的《考工记》，便记载了我国古代各项手工业的成就；《营造法式》，便阐述了宋以前建筑方面的经验；《天工开物》，便叙录了明代工农业生产的方式、方法。至于农业方面，专著尤多。从《齐民要术》以及《农书》《农桑辑要》《农政全书》《授时通考》等等，分门别类，讲得至为清楚。而《本草纲目》一书，更包含了丰富的博物学知识。这些都是科学书籍，足供我们参考。但是它们的共同缺点，在于只罗列现象，却没有从事物发生、发展、变化的过程，有系统地加以说明。很难找到有些科学成就，是什么时候、什么人的创造发明，所以这些书，只能说是反映历代科学发明的一部分资料。

清仁宗嘉庆四年（公元1799年），阮元写成《畴人传》四十六卷，从上古起，一直到嘉庆初年，将历代著名的天文算学家，用传记体来总结他们的成就。每人为作一传，首先介绍生平事迹；再阐述创造发明；篇末有《论》，分析各家的流变得失。在记载内容上，前四十二卷，都是中国人；末四卷，便是西洋学者。它竟打破了学术上的国界，是一个大的优点。从它的编述体式来看，可算是一部较有系统的传记体科学发明史，可惜它的范围，仅限于天文算法，没有将其他方面的科学家写进去。

如果要推广范围，全面总结科学发明的成就，除取材于史传以外，还应注意到其他书籍的零散记载。例如活字版的发明，始见于沈括《梦溪笔谈》；木棉的种植，始见于方勺《泊宅编》；火柴的使用，始见于陶谷《清异录》；煤油的发现，始见于朱国桢《涌幢小品》。这一类的记载，虽属杂物小事，但却是科学发明的具体内容。至于贯通古今，写有专篇论文的，如清末陈作霖的《可园文存》中，便有《中国机器学家考》一篇，叙述我们祖先的科学发明，颇为明晰详尽。那么，历代文集、笔记，诚然是史料的渊薮，不容忽视。

第九章　以地域为记载中心的方志

第一节　方志的源流和体例

在中国封建社会，一般记事的史书，大部分是以时代为中心，依着时代先后来叙述事实；或者通贯古今，或者专详一代，都是围绕着统治者的政权来服务的。这是历史事件的“纵的叙述方式”。另外，还有一种“横的叙述方式”，便是以地区为中心，专详于某一地区的风俗、民情、方言、古迹，以及疆域、人物等等，其中又依时代先后叙述各事物的发展变化，这便是地方志书，也简称方志。虽过去一般封建学者们认为志书是史书的旁支，但它却很普遍地保存了不少社会真实史料。

方志的起源很早，在没有出现秦代统一的局面以前的中国社会，在周代还是贵族领主政权的时期，各国分立，各有记载本国史实的书籍，《孟子》所谓：“晋之《乘》，楚之《梼杌》，鲁之《春秋》，其实一也。”这便是最古的方志。相传孔子周游天下，得观“百二十国宝书”，从今天来看，也不过是浏览了百多部方志而已。从秦始皇兼并天下，开始了大一统的局面以后，版图日广，而分地记载的写作，也逐渐增多。在隋以前，方志但称为“记”，根据《隋书·经籍志》所著录的书籍而论，以三国时吴人顾启期所撰《娄地记》为最早。从此以后，还有《洛阳记》《吴兴记》《吴郡记》《京口记》《南徐州记》《会稽记》《荆州记》等数十种书，这都是后世府州县志一类的作品。至于分门叙述，成为专科性的书籍，更是繁多。例如图绘地形，则有《周地图记》《冀州图经》《齐州图经》《幽州图经》之类；记载风俗，则有《陈留风俗传》《北荒风俗记》之类；描写山水，则有《衡山记》《游名山志》之类；叙述建筑，则有《三辅黄图》《洛阳宫殿簿》之类；谈沿革，有《三辅故事》《并帖省置诸郡旧事》之类；记寺观，有《洛阳伽蓝记》《华山精舍记》之类；志冢墓，有《圣贤冢墓记》之类；录物产，有《南州异物志》之类；述土地，有《元康三年地记》之类；综户口，有《元康六年户口簿记》之类（以上均见《隋书·经籍志·史部·地理类》）。此外替人物作传记，也有依地区来综括的。《隋书·经籍志》便著录了《兖州先贤传》《徐州先贤传》《交州先贤传》《益部耆旧传》等十数种，以及《列女传》《女记》之类（均见史部杂传类）。这些书籍，都替编纂方志提供了材料、创造了条件。所以到了隋代，便出现了规模浩大的包括全中国的几部结集性方志。

《隋书·经籍志·史部·地理类》称："隋大业（公元605—617年）中，普诏天下诸郡，条其风俗物产地图，上于尚书，故隋代有《诸郡物产土俗记》一百五十一卷，《区宇图志》一百二十九卷，《诸州图经集》一百卷。"这便是中国历史上统治阶级编纂全国范围的方志图经的开端。后来像唐代李吉甫所修《元和郡县志》，宋代乐史所修《太平寰宇记》，以及元、明、清三朝所修《一统志》，都是沿用这种体例进行编辑的。

古代私修方志而具备今日志书形式且到目前还存在的，以几部宋人著作为最早；但是它的体例，却远在晋代便已成立了。《隋书·经籍志·史部·地理类》称："晋世挚虞，依《禹贡》《周官》作《畿服经》，其州郡及县分野、封略、事业、国邑、山陵、水泉、乡、亭、城、道里、土田、民物、风俗、先贤、旧好，靡不具悉，凡一百七十卷，今亡。"这却可算是我国地方志的创作。虽其书久已亡佚，但据《隋志》所言，包括的门类，确已很多，已经具备今日地方志书的形式了。

晋人著作现在还存在的，像常璩所写《华阳国志》十二卷，从远古起，到东晋永和三年（公元347年）止，首为《巴志》，次《汉中志》，次《蜀志》，次《南中志》，次公孙、刘《二牧志》，次《刘先主志》，次《刘后主志》，次《大同志》（记汉晋平蜀以后事），次《李特雄期寿势志》，次《先贤士女总赞论》，次《后贤志》，次《三州士女目录》。而嘉泰甲子（公元1204年）李𡎖序亦称："首述巴中南中之风土，次列公孙及刘二牧、蜀二主之兴废，及晋太康之混一，以迄于特雄寿势之僭窃，以西汉以来先后贤人、梁益宁三州士女、总赞序志终焉。"这里面的内容，很显明地以风土人物为主，虽十之七八，叙述政治沿革，但也注意到了交通险塞、物产土俗、大姓豪族，以及先贤士女各方面，无疑是今日方志的初祖。

在封建社会的士大夫们，勇于私人独造方志。传世的宋元作品，已经不多。明代虽较丰富，而体制多滥。这几代的方志中，私修的便不少。像宋代朱长久的《吴郡图经》，梁克家的《三山志》，范成大的《吴郡志》，罗愿的《新安志》，高似孙的《剡录》，陈耆卿的《赤城志》，常棠的《澉水志》；元代于钦的《齐乘》；明代康海的《武功县志》，韩邦靖的《朝邑县志》等，都是由独力搜录而成。清代朴学大兴，作者纷起，一般考证专家，很多都参与了主修方志的工作。像大史学家章学诚所修《和州志》《永清县志》《亳州志》，固然是超越庸常的作品；其次如董方立的《长安志》《咸宁志》，郑珍和莫友芝合撰的《遵义志》，洪亮吉的《泾县志》《淳化志》《长武志》，孙星衍的《邠州志》《三水志》，武亿的《偃师志》《安阳志》，段玉裁的《富顺志》，钱坫的《朝邑志》，李兆洛的《凤台志》等，都是极其精粹的结撰。

清代方志发达的原因之一，是由于统治者诏令的敦促。康熙十一年（公元 1672 年），大学士卫周祚，奏请分令天下郡县，修辑志书，诏允其请。雍正七年（公元 1729 年），诏各省重修通志，上诸史馆，以备修《大清一统志》的采择。后来又令各州县志书，每六十年一修，著为功令。由此官修的书，日益充积，地方行政长官，以开局修志为"斯文重任"，自己纵然学识不够，也必然自居主修之名；而罗致学问宏博之士，为之纂辑。于是公私所修，门类更广：总括全国范围的，称"一统志"；省区称"通志"；府、厅、州、县便只称"志"；综合二县或数县之事成一书，便称"合志"（如安徽的《泗虹合志》）；自县以下，镇有"镇志"（如乾隆时董士宁所修《乌青镇志》）；里有"里志"（如嘉庆时徐达源所修《黎里志》）。这样由于范围的推广，卷帙乃更繁多了，根据初步的统计，由宋至今，千年之间，保存的方志将近六千种，共九万余卷，其中百分之八十以上，是清人编纂的。

第二节　方志在史学中的地位和作用

章学诚说过："夫家有谱，州县有志，国有史，其义一也。"（《大名府志序》）这说明了方志的价值，与国史相等。

但是我们进一步还要明了在今天分析封建社会所遗留的丰富史料，其中一大堆方志，却比“廿四史”“九通”这一类的书籍重要得多。因为“廿四史”“九通”之类，是以王朝为中心，只是记载有利于维护统治与服从故有秩序的事实和言论，而丝毫不注意到平民的生活与活动；它们完全是为统治阶级服务的，里面自然找不到有关广大人民的材料。

至于方志，便以社会为中心，举凡风俗习惯、民生利病，一切不详载于“正史”内的，都借方志保存下来了。其中如赋役、户口、物产、物价，记载最为可贵。特别是赋役一项，无论在哪一部志书，都记录很详悉。例如清初陆陇其所修《灵寿志》，本以简洁著称，但记载赋役却特别详尽，其他方志，更可想见了。在今天而欲研究过去劳动人民受压迫剥削的严重情况，方志实是唯一无二的资粮宝库。此外志书中的方言、风谣、金石、艺文这些门类所包含的内容，在在可为史部考证之用，更显示出方志的重大价值了。

今人顾颉刚氏在《中国地方志综录序》中指出：“今之学者，莫不知史书之不足以尽史；故毕力搜求地下遗物、官署档案、私人书牍，以资实证。然而即在史书之中，固尚有未辟之山林，未发之金锡在。家谱与方志是已。”又说：“夫以方志保存史料之繁富：纪地理，则有沿革疆域、面积分野；纪政治，则有建置、职官、兵备、大事记；纪经济，则有户口、田赋、物产、关税；纪社会，则有风俗、方言、寺观、祥异；纪文献，则有人物、艺文、金石、古迹。而其材料，又直接取于档册函札碑碣之伦。顾亭林先生所谓采铜于山者，以较正史，则正史显其粗疏；以较报纸，则报纸表其散乱。如此缜密系统之记载，顾无人焉能充分应用之，岂非学术界一大憾事耶！”过去学者们，把方志一类的书籍归之于地理书内，所以《四库全书总目》也收方志入地理，从来没有人特别重视它。将它的地位提得很高，强调它在史学上的作用，是从清代大史学家章学诚开始的。以后两百年来，人们治史，便渐渐推广到方志。不过这类书籍，浩如烟海，从来也无人有此雄伟的规模和毅力，去做一番整理的功夫。直到今日，仍然是一块亟待历史研究工作者垦辟的荒地。

方志的用途，是极其广泛的。近人瞿宣颖著有《方志考稿》，在《序文》中揭橥了方志的六大功用：“社会制度之委曲隐微不见于正史者，往往于方志中得其梗概，一也；前代人物不能登名于正史者，往往于方志中存其姓氏，二也；遗文佚事散在集部者，赖方志然后能以地为纲有所统摄，三也；方志多详物产税额物价等类事实，可以窥见经济状态之变迁，四也；方志多详建置兴废，可以窥见文化升降之迹，五也；方志多详族姓之分合，门地之隆衰，往往可与其他史事互证，六也。”瞿氏是最喜阅览方志的史家，所编《方志考稿》，虽只出甲集，但他却对每书做了“辨其体例、评其得失”的功夫。尤其对于每书所包含的特殊史料，认真拈出，可使人们进一步知道方志是社会史料的渊薮。例如乾隆《丰润县志》，杂记特产工业如桃花碱、丰腴、麦笠、煤窑、绠酒等事；乾隆《景州志》，附载了镌刻工价；康熙《宣化县志》，记宣府左卫军官里宅之事；光绪《曲阳县志》，记石工杨王二氏同业世婚之事；光绪《宁河县志》，记禁建回民礼拜寺之事；康熙《新城县志》，记明中叶风俗及物价之事；嘉庆《禹城县志》，记漯川韩氏村人民世奉西洋教之事；同治《宁海州志》，记金元间传道传说之事；光绪《益都县图志》，记明清两代风气大概；乾隆《新安县志》，记及工匠日价；康熙《内乡县志》，记吁请豁免额解黑铅事；乾隆《榆林县志》，记及匠价沿革；光绪《五台新志》，记农工商贾的生活状况；同治《苏州府志》，记太湖渔船及孙春阳南货铺的沿革；乾隆《震泽县志》，历叙农蚕渔业的概况。这些材料，都不是“正史”通鉴里所能找到的，诚然是研究社会史的宝贵资料。

不过这一类的书籍太多，据1933年朱士嘉编订《中国地方志综录》时，著录的志书已有五千八百三十二种，九万三千二百三十七卷。内宋代方志二十八种，五百三十七卷；元代十一种，一百二十四卷；明代七百七十种，一万零八十七卷；清代四千六百五十五种，七万六千八百六十卷；辛亥以后新编的有三百六十八种，五千六百二十九卷；其卷数未详者，尚有二百余种。朱氏编《中国地方志综录》时，到现在又已超过四十年了，方志发展滋多，截至目前，全国方志当已超过六千种。一人精力，如何能周览遍观？所以瞿宣颖氏虽有志写成《方志考》，结果在1930年出版的《方志考稿·甲集》，仅包括江苏、河北、山东、河南、山西、辽宁、吉林、黑龙江八省，可见这工作是极其艰巨的。然而方志究竟是一块亟待垦辟的有用之旷土，有志之士如果能召集同志，分工合作，也还是有方法去整理的。此种工作既不是涉览几部书可以收效，所以书目也不能尽举，学者可参考朱氏《中国地方志综录》，便可按目求书了。

第十章　和研究历史有密切关系的沿革地理与地图

第一节　中国学者研究沿革地理的流派及其重要著作

研究历史，有一个必须首先克服的困难，便是史书上的地名官名是远古的，又各随时代而改变，不了解历代地名官名的同异，便无从彻底分析历史事件而得其真相。特别是地理的沿革，牵涉到历代行政区域的划分，问题更形复杂，所以历史研究工作者如果有志整理旧史，便必须从事沿革地理的研究。我国古代，既无沿革地理专家之学，便没有这方面的专门书籍，学者们不过在说经注史的工作中，做些疏通证明的功夫而已。例如《尚书·禹贡》，虽然近人考订它是战国时晚出的书，究竟还是一篇很完整、很全面、有系统、有条理的古代自然地理和经济地理的说明书，两千年来讲沿革地理的，都以此为依据。再如《汉书·地理志》，是史志专详地理的创体，记载了郡县建置原委、户口多寡，各述其风俗，考其山川，更成为后来治沿革地理的学者们心思才力所集中的书籍。自班固创立《地理志》以后，《续汉书》有《郡国志》，《晋书》有《地理志》，《宋书》《齐书》有《州郡志》，《魏书》有《地形志》，《隋书》《新唐书》《旧唐书》有《地理志》，《旧五代史》有《郡县志》，宋、辽、金、元、明、清诸史均有《地理志》。如果将它们连缀起来，便是很完整的沿革地理材料，可惜宋代以前没有人注意到这一点。

沿革地理成为专门学问，是从北宋学者开始的。临川布衣吴澥，有《历代疆域志》十卷（目见陈氏《直斋书录解题》），无疑地这是凭借宋以前历代地理志的材料组织而成的。吴氏这书，是通考历代的体例；至于专讲一代，又有杨湜的《春秋地谱》(目见晁氏《郡斋读书志》)，可见那时学者们已注意到古代地理的研究工作了。南宋学者在这方面做功夫的日益加多，而以郑樵和王应麟为巨擘。郑氏《通志》中的《二十略》有《地理略》，其中通考历代，便有《历代封畛考》；专考一代，便有《开元十道图考》；又别创新例，作《都邑略》。后来马端临《文献通考》的《舆地考》，承郑氏遗例，进一步把它的内容丰富而精审了。至于王应麟在这方面的著作，多至百数十卷，今虽所存无几，仍可想见其功力的精深和博大。《宋史·艺文志》载有王氏《通鉴地理考》一百卷，可惜此书不传于世。就现存的《通鉴地理通释》来看，此书似乎是为注释《通鉴》而作，其实与《通鉴》了不相涉，不过借《通鉴》的名词来表达通贯古今的意义，即称为“历史地理通释”，亦无不可（原书十四卷，附刻在《玉海》后）。他还有《诗地理考》六卷，实际上也是通过《三百篇》所举地名，来考明三代疆域的专门书籍。后人把它看成经学考证书，那就错了。

清代学者在这方面用的功力也很大，但是有一部分著作，是专从“经世致用”出发的。像顾炎武的《天下郡国利病书》一百二十卷，叙述了各地风俗民情和生活状况，是一部历史的政治地理学。顾祖禹的《读史方舆纪要》一百三十卷，致详于山川险要和攻守形势，是一部历史的军事地理学。如果单纯从研究沿革地理着眼，二书便不是这方面的专门著作。至于考寻地名沿革的工具书，有陈芳绩的《历代地理沿革表》四十七卷（道光间刻本、后来广州局翻刻）；杨丕复的《舆地沿革表》四十卷（武陵杨氏家刻本）。陈书以朝代为经，地名为纬；杨书以地名为经，朝代为纬，两书对勘，更足以解决许多问题。此外，李兆洛的《历代地理韵编今释》二十卷（李氏五种之一、有石印本），不用表体，完全依韵编为综合性的类书，尤便检查。

历史学家研究沿革地理的另一体系，是以水道为主，根据自然不变的山川形势，来说明历代政治区域的分合，这也是宋人开始提倡的。郑樵在《通志·地理略》中指出：“州县之设，有时而更；山川之形，千古不易。所以《禹贡》九州，必以山川定经界，使兖州可移，而济河之兖不能移；使梁州可迁，而华阳黑水之梁不能迁；是故《禹贡》为万世不易之书。后之史家，主于州县；州县移易，其书遂废。今之地理，以水为主。水者，地之脉络也；郡县棋布，州道瓜分，皆由水以别焉。”这种阐述，在当时可算是十分精辟而谛当！古代地理书以水为主的，起于五世纪末叶后魏郦道元的《水经注》。《水经》，旧题汉桑钦撰；而郦氏注文二十倍于原书，备详地理沿革，以及山川物产、风景古迹，便成为极其丰赡的地理专著。清代学者用力于这书的不下二三十家，而以戴震、全祖望、赵一清功力为最深。最后有杨守敬，毕生精力，尽瘁于地理之学，欲成《水经注疏》八十卷，未及写定而杨氏殁，由其门人熊会贞续成之，其稿全部已由中国科学院影印行世。当杨氏存时，先刻成《水经注图》（光绪三十一年刊本），又摘取疏中要义刊成《水经注疏要删》四十卷（光绪三十一年自刻），可谓集斯学之大成！清末王先谦有《水经注》合校本（湖南思贤书局刻本），以戴赵二家为主，而参以诸家，虽无发明，甚便初学（杨氏《水经注疏要删》所记卷页，即依王氏刊本）。

第二节　中国学者制绘地图的发展情况及其成就

我们祖先创造出绘制地图的方法，已有数千年历史。《周礼·地官》所载："大司徒之职，掌建邦之土地之图，与其人民之数，以佐王安抚邦国。以天下土地之图，周知九州之地域广轮之数，辨其山林川泽丘陵坟衍原隰之名物。"而《夏官》又称："职方氏掌天下之图。"即使《周礼》是战国晚出之书，也足以证明地图在周末已为统治阶级所重视了。在那时各国都有地图，荆轲刺秦王，置匕首于地图中，更是一个显明的例证。秦始皇兼并六国后，大力收拾天下图籍，置之秦廷；掌握了各国的地图和户口册，自然是统一天下的首要条件。汉高祖兴起时，也就得力于此。《史记·萧相国世家》叙述萧何入关时的情形道："沛公至咸阳，诸将皆争走金帛财物之府分之，何独先入收秦丞相御史律令图书藏之。沛公为汉王，以何为丞相，项王与诸侯屠烧咸阳而去，汉王所以具知天下厄塞、户口多少强弱之处，民所疾苦者，以何具得秦图书也。"这里所用"图书"二字，是指地图和户口册而言；所以能提供天下厄塞、户口多少的一般情况。从此也可证明秦代制图之法，较过去更为精密而细致了。

上面所引《史记》"何独先入收秦丞相御史律令图书藏之"，这便指明了当时是从丞相府取得了律令，从御史大夫府取得了图书（古书语法，此例甚多），地图在秦代，是保藏在御史大夫府的。汉初沿袭秦制，所以《史记·三王世家》便有“御史奏舆地图”的记载。到哀帝元寿二年（公元前1年），改定三公官，以御史大夫为司空，地图从此便归司空收管；所以《后汉书·光武本纪》记载建武十五年封皇子事，便是“大司空上舆地图”了。当时关于地图的制绘和保藏，都是由政府指定专官负责，除统治者以外，少有人得窥见的。郑玄《周礼·地官注》便说：“土地之图，若今司空郡国舆地图”，也就证明了这舆地图在社会上绝少流传之本。

地图而必名为舆地图，也是有它的含义的。唐代司马贞《史记索隐》说：“谓地为舆者，天地有覆载之德，故谓天为盖，谓地为舆，故地图称舆地图。疑自古有此名，非始汉也。”（见《史记·三王世家》索隐）唐代李贤《后汉书注》又说：“《广雅》：舆载也。言载在地者，皆图画之。”（《后汉书·光武本纪》注）这两种解说，都是以“载”释“舆”，意义是一致的。

我国历史上记载制绘地图的方法有明文可考的，从晋代裴秀的《禹贡地域图序》开始才有详尽的叙述。那篇文字，指出制图之体有六：“一曰分率，所以辨广轮之度也；二曰准望，所以正彼此之体也；三曰道里，所以定所由之数也；四曰高下，五曰方邪，六曰迂直，此三者各因地而制宜，所以校夷险之异也。有图象而无分率，则无以审远近之差；有分率而无准望，虽得之于一隅，必失之于他方；有准望而无道里，则施之于山海隔绝之地，不能以相通；有道里而无高下方邪迂直之校，则径路之数，必与远近之实相违，失准望之正矣，故以此六者参而考之。然远近之实，定于分率；彼此之实，定于道里；度数之实，定于高下方邪迂直之算。故虽有峻山巨海之隔，绝域殊方之回，登降诡曲之因，皆可得而举定者，准望之法既正，则曲直远近无所隐其形也。”（见《晋书·裴秀传》）从这段议论里，我们可以看出裴氏制图法，已经使用了比例尺（分率）；注意到方位（准望）和距离（道里）；懂得了地形的表示方法（高下方邪迂直）：这都是符合于近代科学原则的。

当时除绘成《禹贡地域图》十八幅以外，还发明了方格缩放地图的办法，将一幅原来“用缣八十匹”的天下旧图，以一分为十里，裁缩成为方丈图（见《北堂书钞》卷九十六）。这都是当时伟大的创造。裴秀在晋初做司空，职掌地图，虽然他的这些发明，多出其门客京相璠等集体工作的成果，但是这些工作由他总其事，他便有系统地总结了古代制图经验，汇集了当时的群众智慧，在制绘地图的工作上开辟了新的道路，这功绩诚然是不可磨灭的。裴秀生于魏文帝黄初四年（公元 223 年），卒于晋武帝太始七年（公元 271 年），远在公元三世纪中期，我们祖先在制绘地图方面，便已有了这样卓越的成就！

南朝刘宋时（公元五世纪）有谢庄，能以木板制绘可以分合的活动地图。据《宋书·谢庄传》说："分左氏经传，随国立篇，制木方丈，图山川土地，各有分理。离之则州别郡殊，合之则宇内为一。"我们体味最后两句话，显然它是用木板随各国地域广狭曲直，裁成不整齐的形式，有如"七巧板"一样，合拢来成为一张总图，分开来便成为列国分图。这在地图的发展史上，诚然是一种杰出的发明。有人认为"制木为图"是一种立体的木刻模型，那就未免穿凿了。

唐代统治阶级特别注意地图的制绘，并规定全国州府每三年一造地图（见《唐六典》）。德宗时（公元八世纪末），宰相贾耽留心于此，《旧唐书·贾耽传》称："耽好地理学，凡四夷之使，及使四夷还者，必与之从容，讯其山川土地之终始，是以九州之夷险，百蛮之土俗，区分指画，备究源流。"可见他平日是经过一番调查研究工作的。由于外族去中土遥远，不能亲履其境，更不得不留心采访。他所制绘有《陇右山南图》和《海内华夷图》（广三丈，纵三丈三尺），率以一寸折成百里，又用朱墨辨别古今郡县，《旧唐书》所谓"古郡国题以墨，今州县题以朱"，这便是我国制绘地图分别朱墨的开端。

北宋沈括（公元1031—1095年），学问极博，对于制绘地图，十分重视。《梦溪笔谈》卷二十五有一段记载："予奉使按边，始为木图，写其山川道路，其初遍履山川，旋以面糊木屑写其形势于木案上，未几寒冻，木屑不可为，又熔蜡为之，皆欲其轻而易赍故也。至官所，则以木刻上之。上召辅臣同观，诏边州皆为木图，藏于内府。”由于跋涉山川，不便于携带笔墨；加以实地写摹，木板为宜。在行旅中不废测绘，这种精神，是值得后人景仰的。

元代地图学家，以朱思本为最著。他是十三世纪末、十四世纪初期的人，周游各地，并遍访四方使臣，参究《水经注》及唐《通典》《元和郡县志》、宋《元丰九域志》、元《一统志》等，自至大四年（公元 1311 年），至延祐七年（公元 1320 年），费十年之力，以其所得绘成《广舆图》。原图已不可见，唯万历七年（公元 1579 年）有山东重刻嘉靖末罗洪先所增补的广舆图，可以推知其梗概。朱氏所制，先成各地之分图，继为总图；用计里代方之法，以期正确。明代地图，多以此为参考之用。

在明代以前，我国制绘地图的方法，是在旧有的基础上逐步改进而发展的。明代意大利人利玛窦来中国，输入《万国舆图》以后，为我国地图学推广了知识范围，改进了测绘方法，渐渐变易了过去制图的面貌。远在明代万历九年（公元 1581 年），利玛窦初抵澳门，搜读我国各种地理书籍，而融会以西洋新的知识，作成《华译坤舆万国全图》，介绍于我国。后二十年，万历二十九年（公元 1601 年），利玛窦至北京，以《万国图志》献给当时最高统治者。由是我国人对于外国地理，始有所认识。由于利玛窦在中国日久，所绘中国部分之图，实有胜过旧图之处。

清初，西洋测绘之学传至我国，于是统治者对于制图之术，精益求精，特别是康熙十三年（公元 1674 年）刊印比利时人南怀仁的《坤舆全图》，关系尤大。南怀仁得到统治者的信任，留华数十年，迭次遣派赴内地各省及满蒙各地，从事实际测绘，配以各国教士的协助，终于康熙五十六年（公元 1717 年），作成《皇舆全图》。这诚然是历史上前所未有的大成绩，迄今尚为我国地图之最重要依据，自是我国地图学上一个大发展。不过，海外教士，自此源源来华，群以测绘地图为名，而实际深入内地，调查山川形势、物产矿藏，以及户口密度、民风土俗，遂成为后来帝国主义侵略我国的向导了。近百年来，我国备受外人的蹂躏压迫，自有它积渐而然的历史根源。

远在公元三世纪中叶，我国学者在制绘地图方面，已经有高深的理论和精密的技术，并且出现了杰出的制图专家裴秀，这在前面已做了介绍。至于运用那种技术到制绘历史地图方面来，也是从裴秀的《禹贡地域图》开始的。《晋书·裴秀传》称秀“以《禹贡》山川地名，从来久远，多有变易，后世说者，或强牵引，渐以暗昧，于是甄摘旧文，疑者则阙，古有名而今无者，皆随事注列，作《禹贡地域图》十八篇奏之，藏于秘府”，这是我国最早的历史地图。可惜地图的保存，较书为难，当时又没有雕版印刷之术，无法传之后世，是必然的。目前我国保存的历史地图，以西安石刻《禹迹图》为最早，出于北宋学者之手，是公元1137年刘豫称齐帝时所立（时为阜昌七年，当宋高宗绍兴七年），距现在已经八百多年了。假若此图当日不是刻之于石，也是无法保存久远的。

自从十七世纪西洋制绘地图的技术传入中国以后，清代学者也就在我国固有的绘图技术基础之上兼采新法所长，来制绘历史地图，以清末杨守敬做的工作为最专而最精。在杨氏前，尚有李兆洛所制《历代地理沿革图》二十二幅，用朱墨套印，在当时为创格。杨氏因李图之旧，更加扩充，更加精密，因绘成《历代舆地图》，1906年至1911年（光绪三十二年至宣统三年）陆续付刊，朱墨套印，总名《历代舆地图》，分名则依朝代和所根据的材料以标题，如《前汉地理图》《续汉郡国图》《三国疆域图》《隋地理志图》《唐地理志图》《宋地理志图》《明地理志图》等数十目。大部分根据是史志，其次才是后人补修的志。史志上怎样记载，他便怎样画，杨氏是对正史地理志负责的。考证虽十分仔细详尽，但那刻木雕版用红底套印的办法，已经不适时用。近人改用新式印刷之术，以五色版石印，比较明晰醒目。近年由顾颉刚、章巽合编的《中国历史地图集》（地图出版社出版），是比较可用的本子。不过错误的地方，仍所不免，学者必须详加勘审。

第十一章　史评书籍的代表作品

第一节　刘知几的《史通》

在七世纪时，我国历史书籍，不断地发展着、滋长着。由于作者的众多、传世的久远，在编述体例方面，写作技术方面，是千万不齐的；至于史料的真实与否，史观的正确与否，更处处成大问题。一大堆丛脞而复杂的材料，客观上急需要一部总结账式的评定书籍，但是没有融会贯通之才，而济之以宏博渊深之学，也无由下手做这种浩大艰难的工作。直到唐代大史学家刘知几写成了《史通》，才开始对过去历史书籍，做一次总的分析与批判。这自然是我国史学界空前的杰构，值得我们重视。

刘知几，字子玄，唐徐州彭城（今江苏铜山）人，生于公元 661 年（唐高宗龙朔元年），卒于公元 721 年（玄宗开元九年）。他曾经几次参加过当时政府修史的工作，由于为当时统治者意旨所束缚，不能发挥自己的见解，因“私撰《史通》以见其志”。《史通》成于公元 711 年（中宗景龙四年），凡内篇三十六，外篇十三，共四十九篇。兹载其篇目如次：

内篇：

1. 六家　2. 二体　3. 载言　4. 本纪　5. 世家　6. 列传　7. 表历　8. 书志　9. 论赞　10. 序例　11. 题目　12. 断限　13. 编次　14. 称谓　15. 采撰　16. 载文　17. 补注　18. 因习　19. 邑里　20. 言语　21. 浮词　22. 叙事　23. 品藻　24. 直书　25. 曲笔　26. 鉴识　27. 探赜　28. 模拟　29. 书事　30. 人物　31. 核才　32. 序传　33. 烦省　34. 杂述　35. 辨职　36. 自叙

外篇：

1. 史官建置　2. 古今正史　3. 疑古　4. 惑经　5. 申左　6. 点烦　7. 杂说上　8. 杂说中　9. 杂说下　10. 五行志错误　11. 五行志杂驳　12. 暗惑　13. 忤时

这部书虽仅四十九篇，但它却对已往旧史，做出了全面的总结，将以前旧史的利弊得失，全盘加以清算；对当时修史的纰缪错误，尽情加以揭发。假若不是博极群书，融会古今而实有所得，是不能轻易动笔的，这自然是空前的杰出写作。现在但就其中所总结出来的中心内容，归纳为五部分来谈。

（甲）分析了旧史体例的得失

唐以前历史书籍，虽已繁多，但大抵出于模仿，假若探溯本原，推寻创始，也不外几部典型的写作。刘氏归纳成为六家。他在《六家篇》指出：“古往今来，质文递变，诸史之作，不恒厥体，榷而为论，其流有六：一曰《尚书》家，二曰《春秋》家，三曰《左传》家，四曰《国语》家，五曰《史记》家，六曰《汉书》家。”《尚书》的内容，登载了古代统治者的号令训诰，是记言的史体；《春秋》的内容，依年月编次统治者的行事和国际间一切交涉，是记事的史体；《左传》例同《春秋》，更详于一事首尾，是编年的史体；《国语》分国纪事，是国别史体；《史记》是通史体例；《汉书》是断代史体例。这六种体裁，有些到后世便没有继起的了，所以刘氏在《六家篇》又说：“《尚书》等四家，其体久废，所可祖述者，唯《左氏》及《汉书》二家而已。”他因此更写成《二体篇》加以阐述。于是“编年”“纪传”两种编述形式，总括了唐以前史籍的部类。

刘氏当时的看法，以编年史、纪传史为史家正体，称为“正史”，其他旁流，称为“杂著”，又替它们分析了流派。在《杂述篇》便说：“爰及近古，斯道渐烦，史氏流别，殊途并骛，榷而为论，其流有十焉：一曰偏纪，二曰小录，三曰逸事，四曰琐言，五曰郡书，六曰家史，七曰别传，八曰杂记，九曰地里书，十曰都邑簿。”这样，便将一切笔记短书、方志家谱，以及专详地里都邑的记载，都列入了史籍范围，可以想见他对正史以外的书籍，是同样重视的。

刘氏对于纪传体的历史书籍，赞许断代为书的编述方式，而不甚推崇通贯古今的写作体例，所以他一谈到《史记》和《汉书》，便十分称美《汉书》。他在《六家篇》说过："如《汉书》者，究西都之首末，穷刘氏之废兴，包举一代，撰成一书，言皆精练，事甚该密，故学者寻讨，易为其功。自尔迄今，无改斯道。"刘氏这种论点，大约是就当时史学界从事撰述的实际情况着眼的。由于通史的体例，包括上下数千年史实，很不容易动手，所以从班固以来的史家，大抵从事于断代史的编述为多，刘氏在论述时，也只就现实情况加以发挥和推演。

由于刘氏是主张断代为书的体例的，因此引起他对旧史在编述内容方面的许多不满。他虽极其推许班固，但对《汉书·古今人表》，便竭力反对，认为总述西汉一代的书籍，而涉及汉以前人物，是为不伦不类。他又主张删除纪传史中的《天文》《艺文》《五行》三志；而别增《都邑》《氏族》《方物》诸志。

他的理由是："古之天犹今之天，今之天即古之天。必欲刊之国史，施于何代不可？"（《书志篇》）所以他认为《天文》可删，如果必欲作志，也只应载及当代日月食和星位移动的情况便够了。其次，古今书目繁多，"前志已录，而后志仍书，篇目如旧，频烦互出，何异以水济水？”他认为必不得已而撰《艺文志》，也只应胪列当代学者所著之书，而不必重复刊载前代的书目。至于《五行》《符瑞》，专记灾祥，“言无准的，事涉虚妄”，刘氏主张废除此篇，是恰当的。他又认为如果必要作志，也只应记载一代灾异，而不必追叙往事，曲加附会。这都是刘氏从讲明断限的观点来修正旧史体例的具体见解。后来《明史·艺文志》，只载有明一代著述，不复上涉前代，大约是吸取了刘氏的主张而从事编述的。

他在《书志篇》里，强调了《都邑》《氏族》《方物》三志的重要，这是极其合理的建议。因为历代建都所在之地，“宫阙制度，朝廷轨仪”，在在足以体现当时统治阶级经营筹划和一般物质建设的情形；而封建社会的所谓世家大族，又是统治集团的核心人物，有系统地把他们记载下来，可以考见当时社会的真实面貌。至于方物土贡，更与一代经济有关，尤史家所宜详。刘氏特别强调它们的作用，诚然是很重要的。后来郑樵《通志》，便有《氏族略》《都邑略》；而马端临《文献通考》，又别立《土贡考》，都是遥承刘氏的建议而实行增辟的。

旧史积习，每于叙一事的末尾，便发一论，这从《左传》中有“君子曰”开始，于是后来修史的先生们，都以每篇系论为一种固定的写作形式。就今日存在的史书而论，例如《史记》每篇之尾，有“太史公曰”；《汉书》便有“赞曰”；

《后汉书》便有“论曰”;《三国志》便有“评曰”；从唐代设馆修史，每篇之末，便称“史臣曰”以发其论：这便开后世文士以空言作史论的风气。刘氏对此不以为然，认为重床叠架，没有什么意义。特别是范晔《后汉书》，每篇系论之后，还有四言韵语的短篇文字附于篇尾，称之为“赞”，更是形成赘疣了。刘氏尤力加讥斥。他在《论赞篇》指出：“夫每卷立论，其烦已多；而嗣论以赞，为黩弥甚。亦犹文士制碑，序终而续以铭曰；释氏演法，义尽而宣以偈言。”这是从来很少有人注意到的问题，而刘氏也很认真地把它总结下来了。

（乙）揭发了旧史记载失实的原因

刘氏总结旧史的利弊得失，而尤注意到史书材料的真实性，他曾经反复推寻旧史记载所以讹谬失实的原因，不外下列几大端：

第一，为当时统治阶级的威势所慑，不能振笔直书。刘氏在《直书篇》说过：“如董狐之书法不隐，赵盾之为法受屈，彼我无忤，行之不屈，然后能成其良直。若齐史之书崔弑，马迁之述汉非，韦昭仗正于吴朝，崔浩犯讳于魏国，或身膏斧钺，取笑当时，或书填坑窖，无闻后代。夫世事如此，而责史臣申其强项之风，盖亦难矣。”这便指出了封建社会修史的臣工们不可能正确反映客观真实情况的根本原因。对当时既已如此，至于追述前朝之事，也多歪曲事实以求迎合主子的心意。所以《编次篇》又说："苟欲取悦当代，遂乃轻侮前朝，播之千载，宁为格言！"这种情况，特别表现在历代开国之初修辑前朝史实时，十分明显。所以从唐代以下，所谓"正史"，大抵出于官修，想找出一部比较可靠的信史，是极其困难的。

第二，修史者专凭主观爱憎以为记事的标准，而失去是非之公。刘氏曾举北齐魏收所修《魏书》为例，《古今正史篇》说："两国殊党，乃务进己而黜辱人。魏收性憎胜己，喜念旧恶，甲门盛德，与之有怨者，莫不被以怨言，没其善事。"《称谓篇》又说："魏收自我作故，无所宪章，其撰《魏书》也，谄齐则轻抑关右，党魏则深诬江外，爱憎出于方寸，与夺由其笔端，语必不经，名必骇物。"其实这种偏蔽，何止魏收如此！在旧史中，也是普遍存在的。

第三，记事之时，不是全面地深入地了解事物真相，而仅凭片面传闻，必然有失实之处。《惑经篇》指出："《春秋》记他国之事，必凭来者之辞。而来者所言，多非其实，遂使真伪莫分，是非相乱。"《采撰篇》又说："夫同说一事而分为两家，盖言之者彼此有殊，故书之者是非无定。况古今路阻，视听壤隔，而谈者或以前为后，或以有为无，泾渭一乱，莫之能辨。"根据刘氏所言，我们再去检查旧史，每每发现一件事而有几种不同的记载，这便是传闻异辞的具体情况，孰为真实可靠，是极难论定的了。

第四，记事之时，有隐讳、有夸饰、有虚美、有厚诬，很难保存事实的本来面目。《惑经篇》指出："夫子之修《春秋》也，多为贤者讳，有惭良史。"《曲笔篇》又说："夫以敌国相仇，交兵结怨，载诸移檄，则可致诬，列诸缃素，难为妄说，苟未达此义，安可言于史也。"《采撰篇》又说："夫郡国之记，谱牒之书，务欲矜其州里，夸其氏族，读之者安可不练其得失，明其真伪者乎！"这样，便使回护之辞，攻讦之笔，充塞于旧史中了。

由此可见，旧史材料的不尽可靠，是必然无疑了。刘氏一一为之揭发其弊病，穷推其根源，不独对过去历史书籍提出了明确的批判，并且给予了后人很大的启示。特别是古代记事者专凭主观好恶，以致毁誉失实之处至多，刘氏在《疑古篇》《惑经篇》中，指出古史中不少可疑之事，他那种勤于综核、勇于怀疑的精神，是值得后人学习的。

（丙）批判了历代史家模拟著书的错误

封建社会的学者们，无论作文或著书，总以模仿古人为高，模仿得惟妙惟肖，他的作品价值便愈高，这差不多成了牢不可破的积习。修史自然不能例外。刘氏却大声疾呼，反对这种做法，特别写成《模拟篇》以道其弊病。他指出古今著述模拟的途径有二：一种是专追求形式的相同而实质不同，这叫"貌同心异"；一种是形式虽不同而实质相同，这叫"貌异心同”。他对貌同心异的写作，给了一个总评：“世之述者，锐志矜奇，喜编次古文，撰叙今事，而巍然自谓五经再生，三史重出，多见其无识者矣。”他认为必不得已而有所模拟，也只能取法人家的精神实质，而不应徒学其形式。所以他又认真指出：“唯明识之士则不然，其所拟者，非如图画之写真，熔铸之象物，以此而似也；其所以为似者，取其道术相会，义理玄同，若斯而已。”所谓“道术相会，义理玄同”，便是在精神实质上取得了一致的意思。而最后他做出结论说：“貌异而心同者，模拟之上也；貌同而心异者，模拟之下也。然人皆好貌同而心异，不尚貌异而心同者，何哉？盖鉴识不明，嗜爱多僻，悦夫似史，而憎夫真史。”这指出了旧史家们盲目模拟的病痛根源。在过去旧史的编写工作中，只有司马迁的《史记》是独创新体，无所依傍，即使采用古书，也都加了改造制作的功夫，这是他在史学上取得伟大成就的基本条件。刘氏在这点上也看到了司马迁所以不同于一般史家之处，所以在《模拟篇》尾郑重地说道：“夫拟古而不类，此乃难之极者；自子长以还，似皆未睹斯义。”这是极其精确的论断，刘氏可算是司马迁千载下的知己！

刘氏从反对模拟的观点出发，进一步肯定历史书籍虽述往事，但它究竟是写给今人读的。应该用当代的语言文字和通俗的词句来从事编述工作。他写了《言语篇》专畅发此义，指出：“三传之说，既不袭于《尚书》；两汉之词，又多违于

《国策》；以验氓俗之递改，知岁时之不同。而后来作者，遂无远识，记其当时口语，罕能从实而书，方追效昔人，示其稽古。是以好丘明者，则偏模《左传》；爱子长者，则全学史公。用使周秦言词，见于魏晋之代；楚汉应对，行乎宋齐之日。”又说：“夫天长地久，风俗无恒，后之视今，犹今之视昔。而作者皆怯书今语，勇效昔言，不其惑乎！苟记言，则约附五经；载语，则依凭三史。是春秋之俗，战国之风，亘两仪而并存，经千载而如一，奚以今来古往，质文之屡变者哉！”这些见解，都是极其显豁而卓越的。

他又在《邑里》《因习》诸篇，对于机械的袭古，及记事之不实，均大加抨击。《因习篇》说：“《传》称因俗，《易》贵随时，况史书者，记事之言耳。夫事有贸迁，而言无变革，此所谓胶柱而调瑟、刻船以求剑也。”《书志篇》也说：“作者记事，贵在相时。”他总结旧史的弊病，批判了那种盲目仿古的写作方式以外，并对史学界提出了积极的建议，这对后人的启示极其重大。

（丁）明确了封建统治者领导修史的弊病

在历代封建统治时期，统治阶级经常掌握着“修史”这一工作，作为巩固政权、镇压人民的武器，特别是从六世纪中叶北齐开始设立史馆，用宰相兼领其职，称为“监修国史”后，周隋仍其旧制，到唐代而史馆规模和人事组织更形扩大了。刘氏在八世纪初，也曾受诏预修唐史，《旧唐书》本传称："长安（武后年号，公元701—704年）中，知几累迁左史，兼修国史"，后来，又"擢凤阁舍人，修史如故"，"景龙（中宗年号，公元707—710年）初再转太子率更令，依旧修国史"。他虽亲自参加了统治阶级修史的工作，但是由于他平日强调史料的真实性，主张据事直书，当然与当时监修大臣的意旨是不相合的。我们只看《史通·忤时篇》所载他写给当时监修国史的宰相萧至忠的一封信，便指出了封建统治者设馆修史的五大困难：

> 古之国史，皆出自一家，如鲁汉之丘明、子长，晋齐之董狐、南史，咸能立言不朽，藏诸名山；未闻借以众功，方云绝笔。唯后汉东观，大集群儒，著述无主，条章靡立，由是伯度讥其不实，公理以为可焚，张、蔡二子纠之于当代，傅、范两家嗤之于后叶。今者史司取士，有倍东京，人自以为荀、袁，家自称为政、骏。每欲记一事，载一言，皆阁笔相视，含毫不断，故头白可期，而汗青无日，其不可一也。前汉郡国计书，先上太史，副上丞相；后汉公卿所撰，始集公府，乃上兰台，由是史官所修，载事为博。爰自近古，此道不行，史官编录，唯自询采，而左右二史，阙注起居，衣冠百家，罕通行状。求风俗于州郡，视听不该；讨沿革于台阁，

簿籍难见。虽使尼父再出，犹且成于管窥，况仆限以中才，安能遂其博物？其不可二也。昔董狐之书法也，以示于朝；南史之书弑也，执简以往。而近代史局，皆通籍禁门，深居九重，欲人不见。寻其义者，盖由杜彼颜面，防诸请谒故也。然今馆中作者，多士如林，皆愿长喙，无闻龂舌。傥有五始初成，一字加贬，言未绝口而朝野具知，笔未栖毫而搢绅咸诵。夫孙盛实录，取嫉权门；王劭直书，见仇贵族：人之情也，能无畏乎？其不可三也。古者刊定一史，纂成一家，体统各殊，指归咸别。夫《尚书》之教也，以疏通知远为主；《春秋》之义也，以惩恶劝善为先；《史记》则退处士而进奸雄；《汉书》则抑忠臣而饰主阙：斯并曩时得失之列，良史是非之准，作者言之详矣。顷史官注记，多取禀监修，杨令公则云必须直词，宗尚书则云宜多隐恶。十羊九牧，其令难行；一国三公，适从何在？其不可四也。窃以史置监修，虽古无式，寻其名号，可得而言。夫言监者，盖总领之义耳。如创纪编年，则年有断限；草传叙事，则事有丰约。或可略而不略，或应书而不书，此刊削之务也。属词比事，劳逸宜均；挥铅奋墨，勤惰须等。某帙某篇，付之此职；某传某志，归之彼官：此铨配之理也。斯并宜明立科条，审定区域，傥人思自勉，则书可立成。今监之者既不指授，修之者又无遵奉，用使争学苟且，务相推避，坐变炎凉，徒延岁月，其不可五也。

这里所指出的五种困难，概括起来是：一、史馆例设多员，以致观望无成；二、史馆材料缺乏，以致闻见不广；三、权门贵族，防禁太严，无由写成信史；四、监修大臣，意见不一，不知何所适从；五、分工不明，很难及时完成任务。这五种具体困难，是刘氏参加实际修史工作以后，亲自体味出来的，也可说是封建统治者修国史的绝大弊端，特别是其中第三、第四两点，关系尤大。刘氏在唐代虽已尽情揭露了其中的矛盾，但后来宋元明清历代封建统治者修史，还是一脉相承，从来没有也不可能纠正这种缺点。

（戊）提出了文人不可修史的主张并反对文史混淆

历代设馆修史，照例是用达官贵人任监修；而动手编述，多委之一般文士。文士修史，容易流于浮夸虚饰；每记一事，离真实面貌很远，这自然是旧史的通病。刘氏在这方面，也做出了适当的批判。《史通·载文篇》指出："饰辞者，务以淫丽为宗，譬如女工之有绮縠，音乐之有郑卫。"同篇又揭露文人作史，每"喻过其体，词没其义，繁华而失实，流宕而忘返，无裨劝奖，有长奸诈"。这种习气，自六朝以来，即已如此。所以《核才篇》说："自世重文藻，词宗丽淫，凡所拜授，必推文士。遂使握管怀铅，多无铨综之识；连章累牍，罕逢微婉之章，而举俗共以为能，当时莫之敢侮。”《杂说下篇》又说：“自梁室云季，雕虫道长。平头上尾，尤忌于时；对语俪辞，盛行于俗。始自江外，被于洛中，而史之载言，亦同于此。”由此可见，他对文人修史，是极端反对的。特别是到了唐初，“文人修史”之风已变本加厉，一部《晋书》，完全成了“骈四俪六”的写作，刘氏尤为深恶痛绝，《论赞篇》里，便直接指出：“大唐修《晋书》，作者皆当代词人，远弃史班，近宗徐庾。夫以饰彼轻薄之句，而编为史籍之文，无异加粉黛于壮夫，服绮纨于高士者矣。”综观刘氏反复所论，他无疑地是竭力主张史学应该摆脱文学而独立，反对选用文士修史。刘氏这种主张，是针对当时一般专务辞藻忽略史实的文士写作而提出的，在当时是一种进步的见解。但是认真从两千年间的史学著述来看，价值较高的史书，也就是很好的文学作品，像《史记》《汉书》之类，不可尽数。他竭力主张史学摆脱文学而独立，在事实上是不可能的。

刘氏不独反对文士修史，进一步连史书多载空文，也认为极不妥当。《史通》中的《载言篇》《载文篇》，专就这点对旧史进行了批判，并且提出了积极的建议；其他如《浮词篇》《点烦篇》，又是和这两篇互为表里，彼此发挥的。他看到《史记》《汉书》一类的书籍，在本纪内，多载诏令，在列传内，多载专论和辞赋，使文词和事实夹杂在一起；一件事还没有叙述完毕，忽然插入一篇不相干的文章，遮断了史实的联络，不独叙事不能明晰，读者也容易糊涂。正如他在《载言篇》所说：“夫方述一事，得其纪纲，而隔以大篇，分其次序；遂令披阅之者，有所懵然。后史相承，不改其辙，交错纷扰，古今是同。”这种偏蔽，在旧史中是长期存在的，特别是朝廷诏命和臣工奏疏，登录太多，刘氏在《载文篇》指出的“连章毕录，一字无废，非复史书，更成文集”，这自然是实际的情况。刘氏攻击了旧史的这种不合理的编述体例，并认真地举列了自己的主张。《载言篇》说：“愚谓凡为史者，宜于表志之外，更立一书。若人主之制册诰令，群臣之章表移檄，收之纪传，悉入书部，题为制册章表书，以类区别，他皆放此，亦犹志之有《礼乐志》《刑法志》者也。又诗人之什，自成一家，故风雅比兴，非三传所取。自六义不作，文章生焉，若韦孟讽谏之诗，扬雄出师之颂，马卿之书封禅，贾谊之论过秦，诸如此文，皆施纪传，窃谓宜从古诗例，断入书中。”这种建议，虽没有被后来修史的人们所采用，但是后人纂辑《经世文编》之类，可与史传相辅而行，和刘氏的主张，是相暗合的。

上列五点，不过就刘氏在批判旧史工作的重要部分，约略言之。至于《史通》全书，涉及的方面本广，势不能一一抽举出来，所以不在这儿再谈。

第二节 章学诚的《文史通义》

后于刘知几约千年，中国史学界又出现了一位天才的历史学家章学诚。他对过去旧史，做了很全面的批判；对撰述新史，也提出了自己的主张，给予后人的启示很大。从刘氏到章氏千年之间，并非没有人做过这种工作，但都不够全面，不够系统，有的是在文集笔记中保存了一二篇论文或几条札记，有的是写成短书小册，讨论史书中个别问题，不能算是专门史学。至于博观诸史，深造有得，在旧史内容上和修史体例上都做了全面总结工作，正式发表出卓越的见解，成为有系统的理论的，这从刘知几以后，便只有郑樵和章学诚。郑樵的识力很高，魄力很大，这在第三章谈到通史的时候，已经详加介绍了。现在谈谈章学诚在史学方面的成就。

章学诚，字实斋，清浙江会稽人。生于清高宗乾隆三年（公元 1738 年），卒于清仁宗嘉庆六年（公元 1801 年）。章氏湛深史学，平生精力尽瘁于讲学和修志，历主书院讲席和主修地方志书。他在史学方面的著作很多，如《文史通义》《校雠通义》《方志略例》《实斋文集》《札记》等，都是他一生精力的结晶，而精要的论述，都荟萃在《文史通义》中。现在就他在史学方面的特殊贡献，分为三部分来谈。

（甲）扩大了史学范围

章氏平日特别注意史料的征集范围和方法，他把史学领域也推广了。综合他所指出的史料来源，其途有六：

第一，古代经典。在他以前，如刘知几取《尚书》《春秋》以与《史记》《汉书》并论，已开援经入史的先声；明代王守仁，又尝发“五经皆史”的议论。但到章氏，才把它说得更具体，更全面。《文史通义》内篇有《易教》《书教》《诗教》《礼教》《经解》诸篇，发挥了这种理论。他在《易教》上篇指出：“六经皆史也。六经皆先王之政典也。六经皆先王得位行道、经纬世宙之迹，而非托于空言。”这便彻底地将几部重要经典看成了古史材料。

第二，州郡方志。他平日即强调地方志书的作用，甚至主张在各州县设立志科以专司其事。他的理由是：“州县志书，下为谱牒传志持平，上为部府征信，实朝史之要删。”“唯分者极其详，然后合者能择善而无憾。”“谱牒散而难稽，传志私而多谀，朝廷修史，必将于方志取其裁。”（均见《方志略例·州县请立志科议》）像这样重视方志，在他以前的学者，是很少有人见到的。

第三，金石图谱。过去史学家像郑樵，便是极重视金石和图谱的，所以《通志二十略》中，已有《金石略》和《图谱略》。章氏继起，也提高了二者在史料中的地位。《文史通义·言公中篇》既说：“三代钟鼎，秦汉石刻，款识奇古，文字雅奥。……取辨其事，虽庸而不可废。”而《和州志舆地图序》又说：“图象为无言之史，谱牒为无文之史，相辅而行，缺一不可。”“图学失传，由司马迁有表无图，遂使后人不知采录。”这一类的见解，虽与郑樵议论相近，但是却进一步说得更加深切著明了。

第四，诗文歌谣。封建社会的学者们，大半把诗文看成文学作品，不认为是史料；至于田野歌谣，更以为不足登大雅之堂，置而不论。章氏在《与甄秀才论〈文选〉义例书》中指出：“诗类今之文选耳，而亦得与史相终始何哉？土风殊异，人事兴废，纪传所不及详，编年所不能录，而参互考验，其合于是中者，如《鸱枭》之于《金縢》，《乘舟》之于《左传》之类。其出于是外者，如《七月》追述周先，《商颂》兼及异代之类。岂非文章史事，固相终始者欤！”又在《韩柳二先生年谱书后》说过：“文集者，一人之史也。家史国史与一代之史，亦将取以证焉。”又在《修志十议》提到：“风俗篇中，有必须征引歌谣之处，即《左》《国》引谚征谣之义也。”由此可见，他已将诗文歌谣在史料中的地位，提得十分崇高。

第五，官府簿牍。章氏又看到官府簿牍的重要，在《方志立三书议》中说过：“史之为道也，文士雅言，与官府簿牍，皆不可用。然舍是二者，则无所以为史矣。”他连簿牍文字，也不轻易放过。他把史料范围，推廓到非常广泛的地步，所以对一切档案，都是极加重视的。

第六，家谱传状。《方志立三书议》中又说：“国史不得已而下取于家谱、述状、文集、记述，所谓礼失求诸野也。”这便将一切家谱中的行状传记文字，都列为史料征集的对象了。

以上所举六点，不过就其大较言之。至于他推广征集史料范围的意见，完全贯彻到编纂《史籍考》的具体工作中去了。他在《报孙渊如书》中说过：“愚之所见，以为盈天地间凡涉著作之林，皆是史学。”“六经特圣人取此六种之史以垂训者耳。子集诸家，其源皆出于史。”这是何等博大而卓越的见解！我们只看他所厘定的《史籍考》目录，便可想见其规模之大。兹据《章氏遗书补遗》所载，移录如下：

《史籍考》总目

一、制书　二卷

二、纪传部　正史十四卷　国史五卷　史稿二卷

三、编年部　通史七卷　断代四卷　记注五卷　图表三卷

四、史学部　考订一卷　义例一卷　评论一卷　蒙求一卷

五、稗史部　杂史十九卷　霸史三卷

六、星历部　天文二卷　历律六卷　五行二卷　时令二卷

七、谱牒部　专家二十六卷　总类二卷　年谱三卷

别牒三卷

八、地理部　总载五卷　分载十七卷　方志十六卷　水道三卷　外裔四卷

九、故事部　训典四卷　章奏二十一卷　典要三卷　吏书二卷　户书七卷　礼书二十三卷　兵书三卷　刑书七卷　工书四卷　官曹三卷

十、目录部　总目三卷　经史一卷　诗文五卷　图书五卷　金石五卷　丛书三卷　释道一卷

十一、传记部　记事五卷　杂事十二卷　类考十三卷　法鉴三卷　言行三卷　人物五卷　别传六卷　内行三卷　姓名二卷　谱录六卷

十二、小说部　琐语二卷　异闻四卷

上共三百二十五卷

他这项伟大的编述工作，虽没有完成，却替后人启示了广途，开拓了眼界，他的功绩，仍然是不朽的。他平日重视史料的征集，不独对一切遗文旧典，加以注意；即户口册、流水簿之类，也都认为是可贵的史料。《亳州志·掌故例议中篇》指出：“古物苟存于今，虽户版之籍，市井泉货之簿，未始不可备考证也。”这样认识史料，更是以前封建学者们所不能梦见的。

（乙）明辨了史书编述工作中的不同功用

从来讨论中国史籍的，大半是就形式上的不同来区分类例，少有从内容和它的功用方面加以仔细分析的。刘知几在《史通·史官建置篇》提出了这样一段话："夫为史之道，其流有二：何者？书事记言，出自当时之简；勒成删定，归于后来之笔。然则当时草创者，资乎博闻实录，若董狐、南史是也；后来经始者，贵乎俊识通才，若班固、陈寿是也。必论其事业，前后不同；然相须而成，其归一揆。"他所指明的"当时草创，资乎博闻实录"，是指一般未经整理的原始史料；所谓"后来经始，贵乎俊识通才"，是指那些根据原始史料加以润色熔铸，成为有义例有条贯的专门写作，这显然已将史书编述工作分为不同的两大类了。到章氏更进一步将前者名为"比类"，后者名为"著述"，分析得特别明确，他认为不可混为一谈。

《文史通义·报黄大俞先生书》中有云："古人一事，必具数家之学，'著述'与'比类'两家，其大要也。班氏撰《汉书》，为一家著述矣，刘歆、贾护之《汉记》，其比类也；司马撰《通鉴》，为一家著述矣，二刘、范氏之《长编》，其比类也。两家本自相因，而不相妨害。但为比类之业者，必知著述之意，而所次比之材，可使著述者出，得所凭借，有以恣其纵横变化。又必知己之比类，与著述者各有渊源：而不可以比类之密，而笑著述之或有所疏；比类之整齐，而笑著述之有所畸轻畸重，则善矣。盖著述譬之韩信用兵，而比类譬之萧何转饷，二者固缺一而不可。而其人之才，固易地而不可为良者也。”这种见解，是和刘氏议论遥相符合的，都说明史家比类的工作，替著述准备了丰富材料，提供了有利条件，二者是相须而成的。

但是史学界著述既多，学者又苦其浩繁，不免望洋兴叹，于是从唐宋以下，有些学者，为着帮助记忆，或者为着熟悉掌故，以便于应科场之试，又将很多史部著述的材料，分类纂辑，写成有体系的书。章氏《方志略例·报广济黄大尹论修志书》指出：“史家有著作之史，与纂辑之史，途径不一。著作之史，宋人以还，绝不多见。”他所提出的“纂辑”和所谓“比类”，在性质和体式上，是大致相同的。这种编述工作，不外排比材料，以供后人采摭，仍然对史学界有极大贡献；不过就这种工作的成就来说，只能说是一种“功力”，而不能视为成家的“学问”，这点，章氏又分析得极其清楚。

《章氏遗书·外集二·又与正甫论文书》说过：“功力苟无伪袭之心，亦求学者所资，即不能自成其学，亦可有功后人。如王氏《玉海》之类，亦止功力而非学问也。”他把南宋王应麟的《玉海》看成可贵的功力，而不以学问相许，这是何等高明的见解！《文史通义·博约中篇》又详加发挥道：“王伯厚（应麟）诸书，谓之纂辑可也，谓之著述则不可也；谓之学者求知之功力可也，谓之成家之学术则不可也。今之博雅君子，疲精劳神于经传子史，而终身无得于学者，正坐宗仰王氏，而误执求知之功力以为学，即在是尔。学与功力，实相似而不同，指功力以谓学，是犹指秫黍以谓酒也。”这种看法，章氏已由考论史籍而推广到其他一切学术方面去了，这对当时一般以补苴襞绩、抄纂排比为绝大学问的“汉学”家们，无异于当头一棒。

由于章氏将史书编述工作的两种不同功用，分得很清楚，他所认为够得上称“著述”的写作，必须有“别识心裁”，将前人提供的材料，加以整理熔铸，成为有义例的专门书籍。在编述体例上，他最推崇司马迁和郑樵。他在《申郑篇》中指出：“自迁固而后，史家既无别识心裁，所求者徒在其事其文。唯郑樵稍有志乎求义。”又在《释通篇》自注中说过：“《通志》精要，在乎义例。盖一家之言，诸子之学识，而寓于诸史之规矩，原不以考据见长也。后人议其疏陋，非也。”章氏可算是郑樵身后的唯一知己。《通志》这部书，虽没有完成他理想中的计划，但章氏却尊重他的编述义例，可谓能见其大。

章氏是竭力主张编述通史的，所以对司马迁和郑樵在史学上的地位，提得十分崇高。这和刘知几推许断代史的主张，截然不同；并且章氏进一步对刘知几混淆了通史体例的错误，展开了批评。《丙辰札记》有一条说过：“刘知几六家分史，未为笃论。《史记》一家，自是通史，刘氏以事罕异闻、语多重出讥之，非也。至李氏《南北史》，乃是集史，并非通史。通史各出义例，变通亘古以来，合为一家纪载，后世如郑樵《通志》之类足以当之。集史虽合数朝，并非各溯太古自为家学者可比，欧氏《五代史记》与薛氏旧史，是其同类，与通史判若天渊者也。盖通史各溯古初，必须判别家学，自为义例，方不嫌于并列，否则诚不免于复沓之嫌矣。集史原有界画，李延寿行之于前，薛欧行之于后，各为起讫，无所重复，虽一家凡例，两书可通用也。刘氏牵合为一，非其质矣。”这一段理论，确实是从“辨章学术、考镜源流”出发来论定问题的，给予后人莫大的启示。

（丙）提高了方志在史学中的地位

方志在史学中的地位和作用，已在第九章第二节详细说明了，但是从来目录家只是把它收入地理书类，认为仅足稽考山川形势、风俗民情而已。它得成为专门学问，被人们所重视，还是从章氏开始的。章氏以前，并非没有人注意到，但是了解不够全面，没有彻首彻尾地对旧志提出批评，对新志提出建议，更谈不上关于修志义例的商榷了。章氏出，才大声疾呼，提出“志属信史”的口号，认为方志与“正史”价值相等。他在《州县请立志科议》中明白地说道：“有天下之史，有一国之史，有一家之史，有一人之史。传状志述，一人之史也；家乘谱牒，一家之史也；部府县志，一国之史也；综纪一朝，天下之史也。”“谱牒散而难稽，传志私而多谀，朝廷修史，必将于方志取其裁。”这在中国史学界，是第一次将方志列到这样重要的地位。

由于章氏平日论史，认为有“著述”和“比类”的不同，因之他对方志也有同样的看法。他在《报黄大俞先生书》中指出：“方志一家，宋元仅有存者，率皆误为地理专书；明代文人见解又多，误作应酬文墨；近代渐务实学，凡修方志，往往侈为纂类家言。纂类之书，正著述之所取资，岂可有所疵议！而鄙心有不能惬者，则方志纂类诸家，多是不知著述之意，其所排次襞绩，仍是地理专门见解。”“方志而为纂类，初非所忌，正忌纂类而以地理专门自画。不知方志之为史裁，又不知纂类所以备著述之资；而自以为极天下之能事，是以虽纂类而仍无可藉。”这里所称“纂类”，实际就是排比抄纂的功夫，仅能算是一种编写方志的材料，不能说为合乎规格的志书。所以他自己在修方志时，便力矫此弊，我们只看他在《跋湖北通志检存稿》中所云：“余撰方志，力辟纂类家之芜沓，使人知方志为国史羽翼。”这便将平日议论主张，直接贯彻到实际工作中去了。

此外，章氏考论方志义例，强调它和图经截然不同，不可混而为一。他在《为张吉甫司马撰大名县志序》中说过：“郡县志乘，即封建时列国史官之遗，而近代修志诸家，误仿唐宋州郡图经而失之者也。《周官》外史，掌四方之志，《注》

谓若晋之《乘》，楚之《梼杌》，鲁之《春秋》；是一国之史，无所不载，乃可为一朝之史之所取裁。夫子作《春秋》，而必征百国宝书，是其义矣。若夫图经之用，乃是地理专门。是方志之与图经，其体截然不同，而后人不辨其类，盖已久矣。”他不独否定方志为地理专书，并且进一步认为它是编写国史时主要材料的来源，必须有史学专家著述的义例，才能供国史取裁。所以在同篇又说：“知方志非地理专书，则山川都里、坊表名胜，皆当汇入地理，而不可分占篇目，失宾主之义也。知方志为国史取裁，则人物当详于史传，而不可节录大略；艺文当详载书目，而不可类选诗文也。知方志为史部要删，则胥吏案牍、文士绮言，皆无所用，而体裁当规史法也。”这段议论，更具体地指出了方志应该具有的实际内容和写作规格。

他在主编地方志书的长期过程中，感到采访材料的困难，因建议当时政府，必须于各州县设立“志科”，以专掌握乡邦文献，为修志创造有利条件。他在《州县请立志科议》中，列举了很多理由和方法，虽没有被当时政府采用，但见解却很高远而切实，充分体现了他的重视方志，不徒托空言，他确有很多办法，使写作方面和搜集材料方面，得以改进和提高。

总之，章氏一生对于史学的发明和贡献，包括的范围很广，解决的问题很多，现在不能尽举，以上不过就他平日议论有关开创学术新途径的几个大纲领，抽出来加以介绍。从此可以知道他替史学界确已指示了一条从事研究工作的宽广道路，这功绩是不可湮没的。另外，他平日对于史料的处理，强调“治书”与“求书”并重，认为郑樵作《校雠略》(在《通志二十略》中)，阐明求书之要，已无遗议；但治书的办法，郑氏却没有深谈，于是作《校雠通义》以畅发其旨。他所提出的治书工作，是从“整齐脱误、是正文字”入手，而以“辨章学术、考镜源流”为归，这和清代一般有名的校勘家如何焯、顾广圻辈，谨记宋元版本、文字异同的治学方法，截然不同。章氏遥承汉代学者刘向、刘歆父子部次群书的遗意，更加具体而实际地运用到史学研究工作中去了，这也是他的卓越成就，但这毕竟只是他处理史料的一种手段和方法，在他毕生学术总的方面来看，仍然是次要的。并且“校雠”本身，在今天早已成了一种专门学问，不是简约几句话所能概括，所以这里也就不再提及。

第十二章 史辨书籍的代表作品

第一节 王若虚的《滹南遗老集》

远古史实，最初是靠口耳相传保存下来的。所以“古”字在《说文解字》中解释道：“故也。从十口，识前言者也。”这字的构造，从十口得义，即是十口相传的意思。经过较长时期的口耳传递，说话的人和听话的人，都很难免有所增损、讹谬于其间。等到用文字记载下来的时候，更不能免于夸大或缩小。于是史料的真实性，便成问题了。远在两千多年前，孔子的学生子贡就说过：“纣之不善，不如是之甚也。是以君子恶居下流，天下之恶皆归焉。”（《论语·子张篇》）。后来孟轲也说：“尽信书不如无书。吾于《武成》，取二三策而已矣！仁人无敌于天下。以至仁伐至不仁，而何其血之流杵也？”（《孟子·尽心篇》）这便是我们祖先在整理古代史料时对远古史实加以怀疑的开端。汉代学者王充，在所著《论衡》里，有《语增》《儒增》《艺增》《书虚》诸篇，专谈这一类的问题。唐代刘知几的《史通》，又有《疑古》《惑经》等篇，说得更为深入。后来继此有作的，颇不乏人。而以十三世纪初期王若虚（公元 1174—1243 年），在这方面所做工作，尤为显著。

王若虚字从之，号慵夫，藁城（今河北省地）人。事迹见《金史·文艺传》。天资颖异，登承安二年（公元 1197 年）经义进士，做辽国史馆编修官，史学修养很深。金亡后，不复出仕，自称滹南遗老，卒时年已七十。他的好友元好问听到他死了的消息，便痛悼道："经学、史学、文章、人物，公论遂绝！不知承平百年之后，尚复有斯人否？"（见《中州集》卷六）。可知若虚在当时，是负海内盛名的。他的著述，有《慵夫集》《滹南遗老集》诸种，今唯《滹南遗老集》四十五卷尚存。

《滹南遗老集》，凡《五经辨惑》二卷，《论语辨惑》五卷，《孟子辨惑》一卷，《史记辨惑》十一卷，《诸史辨惑》二卷，《新唐书辨》三卷，《君事实辨》二卷，《臣事实辨》三卷，《议论辨惑》一卷，《著述辨惑》一卷，《杂辨》一卷，《谬误杂辨》一卷，《文辨》四卷，《诗话》三卷，《杂文》及《诗》五卷，共四十五卷。其中《五经》《论语》《孟子》部分，虽属经学范围，却也是古史资料。《史记》《新唐书》部分，更是针对史学专著进行纠弹的。至于《诸史辨惑》《君事实辨》

《臣事实辨》，已遍及史部群书，谈的范围更加广泛。其他有关议论、著述、谬误、诗话、文辨部分，也莫不和历代史实相连。所以这部书除末五卷为其自撰杂文及诗歌外，那整的四十卷，却成了史辨专著。

王氏治学的精神，勇于自申己见，不依傍前人。所以他所谈到的问题，虽得失互见，而创解极多。首先体现在整理古典文献时，不为旧的传注所束缚。几部传世久远的儒家经典，有汉人的传注，侧重在训诂名物的解释，以郑玄集其成；又有宋人的传注，侧重在大义微言的阐述，以朱熹集其成。王氏都不过分迷信他们，无所偏主，唯求其是而已。例如郑玄解释《礼记》“三老五更”，很牵强，难于自圆其说。王氏便采取蔡邕“更当为叟”的说法，加以驳正。（见《五经辨惑下》）。他对宋人解经，则又病其谈得太抽象、太玄妙。他在《论语辨惑序》中严正指出：

解《论语》者，不知其几家，义略备矣。然旧说多失之不及，而新说每伤于太过。夫圣人之意，或不尽于言，亦不外乎言也。不尽于言，而执其言以求之，宜其失之不及也。不外乎言，而离其言以求之，宜其伤于太过也。盍亦揆以人情而约之中道乎！尝谓宋儒之议论，不为无功，而亦不能无罪焉。彼其推明心术之微，剖析义利之辨，而斟酌时中之权，委曲疏通，多先儒之所未到，斯固有功矣。至于消息过深，揄扬过侈，以为句句必涵养气象，而事事皆关造化，将以尊圣人而不免反累；名为排异端而实流于其中，亦岂为无罪也哉？

这段话，虽是针对注解《论语》的学者们而发，他却拿了这一尺度去衡量古代历史书籍。对那些在叙事方面太怪太奇、不近情理的记载，在修辞方面太僻太涩、不大通畅的字句，自然是不满意的。于是纠谬指疵，便成了他辨惑工作的中心。

他对《史记》和《新唐书》，下的功力为最深。所撰《史记辨惑》，多至十一卷。卷一、卷二，采摭之误；卷三，取舍不当；卷四，议论不当；卷五，文势不相承接；卷六，姓名冗复；卷七，字句冗复；卷八，重叠载事；卷九，疑误；卷十，用虚字多不妥；卷十一，杂辨。大而至于材料的取舍，小而至于一字一语的安排，都推敲得很仔细。虽有时不免要求太苛，未必尽合。然而指摘司马迁叙述旧事，前后自相抵牾的弊病，却也十得七八。至于《新唐书辨》三卷中，对于宋祁摹古好奇的写作方式，专意雕琢字句、形成文理不通的笔调，更攻击不遗余力。他在《新唐书辨》的开首一段便说：

作史与他文不同，宁失之质，不可至于芜靡而无实；宁失之繁，不可至于疏略而不尽。宋子京不识文章正理，而唯异之求。肆意雕镌，无所顾忌。以至字语诡僻，殆不可读。其事实则往往不明，或乖本意。自古史书之弊，未有如是之甚者。

这却是一段极其通核的言论！不独击中了《新唐书》的要害，同时也替评骘旧史，提出了一个准则。不是对史学素有修养的人，是不容易见到的。《四库全书总目》卷一百六十六之《滹南遗老集提要》有云："金元之间，学有根柢者，实无人出若虚右。"可以说是比较公允的评价！

第二节 崔述的《考信录》

在王若虚之后五百多年，中国史学界又出现一位勇于疑古的学者崔述。他花了几十年的岁月，写成一部《考信录》。把战国、秦、汉间所说的上古、夏、商、西周，以及孔子、孟子的史实，有系统地加以考辨，认真做了"去伪存真"的功夫。以前像王若虚所做的功夫，不过在一书的取材、叙事、发论、修辞、用字等方面，指出了前人的疏忽和错误而已。到了崔述，便直接谈到了史料的真实性问题。结果推翻了不少伪史，并且说明了无数传说的演变，这工作却细致而深入得多了。

崔述（公元1740—1816年），字武承，号东壁，大名（今河北省地）人。他和章学诚生同时而不相识。是十八世纪中期屹立我国南北的两大史学家。两家论学，有相通处。但章氏所做功夫，偏重在辨明编述义例方面；崔氏所做功夫，偏重在考证史实真伪方面。崔氏之学，始于治经，而以考信、辨伪为目的。他所考辨的对象，便是尧、舜、禹、汤、文、武、周公、孔、孟诸人。名虽治经，实际是整理古代史实。他的著述很多，而一生精力，却集中在《考信录》的写作。《考信录》分为前录、正录、后录三部分。前录有《考信录提要》二卷，《补上古考信录》二卷。正录有《唐虞考信录》四卷，《夏考信录》《商考信录》各二卷，《丰镐考信录》八卷，《洙泗考信录》四卷。后录有《丰镐考信别录》三卷，《洙泗考信余录》三卷，《孟子事实录》二卷，《考古续说》二卷，《考信附录》二卷。统称为《考信录》，共三十六卷。他的论学大旨和在辨伪方面的重要贡献，都保存在这里面。《考信录提要》卷上《考信录释例》开首便说：

> 余年三十，始知究心六经。觉传记所载与注疏所释，往往与经互异，然犹未敢决其是非。乃取经传之文，类而辑之，比而察之，久之而后晓然知传记注疏之失。顾前人罕有言及之者，屡欲茹之而不能茹，不得已乃为此录以辨明之。

从这段话里，可以知道他一生尊信六经，认为六经以外的记载，凡是与六经立异的，都认为不可靠。司马迁在《史记·伯夷列传》中说过："夫学者载籍极博，犹考信于六艺。"崔氏著述，必以"考信"二字标题，是取义于此。至于他著书的义例，《考信录释例》已着重指出：

> 唐虞三代之事，战国、秦、汉所述，其移甲为乙、终古不白者，岂可胜道哉！……故今录中凡事之不见于经者，度其不类此人之事，则削之而辨之。

又说：

> 唐虞三代之事，见于经者皆醇粹无可议。至于战国、秦、汉以后所述，则多杂以权术诈谋之习，与圣人不相类。无他，彼固以当日之风气度之也。故《考信录》但取信于经，而不敢以战国、魏、晋以来度圣人者，遂据之为实也。

又说：

> 凡其说出于战国以后者，必详为之考其所本，而不

敢以见于汉人之书者，遂真以为三代之事也。

又说：

今为《考信录》，故殷、周以前事，但以《诗》《书》为据，而不敢以秦、汉之书，遂为实录也。

又说：

今为《考信录》，于汉、晋诸儒之说，必为考其原本，辨其是非。非敢诋諆先儒，正欲平心以求其一是也。

又说：

今为《考信录》，不敢以载于战国、秦、汉之书者，悉信以为实事；不敢以东汉、魏、晋诸儒之所注释者，悉信以为实言。务皆究其本末，辨其同异，分别其事之虚实而去取之。虽不为古人之书讳其误，亦不至为古人之书增其误也。

这些言论，都是崔氏进行考信、辨伪工作时的原则，也可从此考见他著述中的主要内容。像这样采用算总账的方式对古代史实进行一次全面检查，在崔氏以前，实属少见；在崔氏以后，却又替近代史学界“征实”“求是”的学风，开辟了一条新路。他的功绩，确是不小。

崔氏在考辨古代史料的过程中，所用方法颇为严密。或取证于著录传授，以说明其作伪之迹；或取证于文字风格，以说明其作伪之迹；或取证于制度名物，以说明其作伪之迹；或取证于时代背景、进化历程，以说明其作伪之迹；或取证于作者思想别有寓意，以说明其作伪之迹。这样交互为用，便致无坚不摧。终于推倒了秦汉以来传记中许多靠不住的记载。他不独对《史记·孔子世家》出于汉人之手，不加轻信；即《礼记》中的《檀弓》，也认为是汉人所造；《论语》中的“公山弗扰”和“佛肸”二章，也考定为汉人张禹所更定。这都是比较大胆的说法。

但是必须指出，崔氏和其他封建学者一样，为时代所局限，虽有疑古的精神，却仍牵缠于所谓“圣道”“王业”的偶像作用，还没有把工作做彻底。而考证之际，有时还不免武断。这都是他的缺点，我们不可不知。

第十三章　史论书籍的代表作品

第一节　李贽的《藏书》《续藏书》

长期封建社会中的历史书籍，在每一重要人物或重大事件叙述完毕后，作者照例喜欢提出自己的看法，发一段议论，摆在篇尾，这便是史论。《春秋左氏传》有“君子曰”,《史记》有“太史公曰”,《汉书》有“赞曰”,《后汉书》有“论曰”,《三国志》有“评曰”,《晋书》有“史臣曰”,《资治通鉴》有“臣光曰”，都是史论的典型作品。其中内容，无非是围绕着维护“君君臣臣、父父子子”的社会秩序来立论的。在长期封建社会里，如果有人敢于自立新义，打破旧的伦常观点，便为社会所诋斥：骂他“非圣无法”，并加上“名教罪人”的帽子。因之，在旧的史论里，很少谈得上思想性和创造性。在两千多年中，陈陈相因，也就为学者们所厌恶了。其间只有十六世纪的李贽，异军特起，是一位反封建思想的先驱者。在史论方面，敢于发人之所不敢发。他的议论，大部分保存在《藏书》和《续藏书》中，替史论别开了生面。

李贽（公元1527—1602年），号卓吾，明代福建晋江人。以福建举人，做过云南姚安府知府。学综儒、佛，绝不拘守于传统的所谓“道德伦理”之说。著述很多，而以《藏书》六十八卷、《续藏书》二十七卷，《焚书》六卷、《续焚书》五卷，为最重要。《焚书》和《续焚书》，是他的文集；《藏书》和《续藏书》，乃是由他编述而成的纪传体通史。《藏书》上起战国，下迄于元，各采辑事实，编为纪传。纪传之中，又各立名目，系以叙论。后又辑录明代史实，写成《续藏书》二十七卷。这样贯通古今专载纪传的写法，在当时还是一种创例。至其标题，是取“藏之名山”不以示人的意思。这和张岱的《石匮书》、何乔远的《名山藏》，取义相同，差不多成了明代学者著书标题的风气。由于命名的隐晦，后人也就忽略了它是一部史学名著。

由于他在思想上力主解放，认定古代所谓“圣贤”的言论，不可能永久作为人类思想的绝对标准，所以他在衡论历史人物时，也就反对“以孔子之是非为是非”（见《藏书·纪传目录论》）。他既要摆脱“以孔子之是非为是非”的羁绊，在议论见解上，力主创辟，反对保守。这在封建社会，无疑是一种崭新的思想。他对过去的史家，十分推崇司马迁。看到《汉书·司马迁传》中，班固提出过“是非颇缪于圣人”

的批评，李氏却给以反驳。《藏书》卷四十《司马迁传论》说：

迁、固之县绝，正在于此。夫所谓作者，谓其兴于有感，而志不容已；或情有所激，而词不可缓之谓也。若必其是非尽合于圣人，则圣人既已有是非矣，尚何待于吾也？夫按圣人以为是非，则其所言者乃圣人之言也，非吾心之言也。言不出于吾心，词非由于不可遏，则无味矣。有言者，不必有德，又何贵于言也？此迁之史，所以为继《麟经》而作，后有作者，终不可追也已。《春秋》者，夫子之史也。笔则笔，削则削，初未尝按古圣人以为是非也。

这不仅是司马迁的千载下知己之言，同时也是李氏自己著书发论的原则。所谓"按圣人以为是非，则其所言者乃圣人之言也，非吾心之言"，这意思很富有解放思想的精神。

由于他反对根据几千年相承不变的旧见解来衡定是非，因此他对历史上的重要人物，也都做出了新的评价。不独把秦始皇看成千古一帝，把冯道说成五代一人，是过去学者们所不敢做的翻案文章；即其论及三国时事，以仲达为巧，而孔明为拙（见《藏书》卷四十七）；论及晋事，极叹王导、谢安"治以不治"之为不可及（见《藏书》卷九）；都有他独特的见解。所谓史识，也就具体表现在这些议论中。

《藏书》是李氏一生最得意、最用力的写作。他自己认为“唯此一种，系千百年是非”（见《焚书》卷一之《答焦漪园书》）。由此可见，他是怎样地引以自负！所憾他读书不多，见人不广，识有余而学不足以相济。所以他在史学上的成就，也就不能自致于高明广大。关于这点，他自己早已道破。《藏书》卷三十二之《德业儒臣前论》有云：

> 晚年多暇，意欲一洗千古之谤，而力不能致全书。又老来好书，目力既竭，计有行游四方，就正有道，日闻所不闻，庶几快之。而筋力衰矣，出门复难，就正未易。噫！耳目无功，闻见自狭。予虽欲尚论古人，以知其世，何可得也。

这段话，便直言无隐地说出了他编写《藏书》未能达到理想中的完美的原因所在。他一生为见闻所隘，无由发挥他的才识，是极其可惜的事。不过，李氏在史学方面的创见，仍然是很多的。例如“六经皆史”之说，人们大抵认为是章学诚提出的。或者上溯到王守仁的《传习录》，也谈过“五经皆史”的话。但是明确地称说“六经皆史”，在李氏书中，却说得最具体而扼要。《焚书》卷五之《经史相为表里篇》有云：

> 《春秋》一经，春秋一时之史也；《诗经》《书经》，

二帝三王以来之史也；而《易经》则又示人以经之所自出。史之所从来，为道屡迁，变易匪常，不可以一定执也。故谓六经皆史可也。

这提得何等明确！便远在章学诚之前了。李氏学术，渊源于王守仁及王畿、王艮的一派。他生平对于王守仁的学行、事功，至为景仰。即此"六经皆史"之说，可能也是上承王氏《传习录》的绪论，加以推演而成的。

第二节　王夫之的《读通鉴论》《宋论》

十六、十七世纪之交，中国历史正迎来一个转变时机。当时既有了资本主义的萌芽，在社会意识上，也自然产生了个人自觉地要求解放的思想和言论，包蕴着丰富的反抗封建制度的精神。其时如黄宗羲、唐甄、顾炎武、王夫之诸人，都是这方面的代表人物。谈到有完整的思想体系和明晰的议论主张，便以王夫之为最卓特。

王夫之（公元1619—1692年），字而农，号姜斋，湖南衡阳人，明季举人。曾于顺治五年（公元1684年），举兵衡山，阻击清兵南下。事败，转徙隐匿于郴、永、涟、邵间。最后归老于衡阳的石船山，学者称为船山先生，他生平研究理学，最佩服宋代学者张载，因而发展了张载理学的进步成分。所著书甚多，其中《周易外传》七卷、《尚书引义》六卷、《诗广传》五卷、《春秋家说》三卷、《春秋世论》五卷、《续春秋左氏传博议》二卷、《读通鉴论》三十卷、《宋论》十五卷等八种，是他有关经史研究的专著。前六种，是他通过说经来发抒自己对伦理、政治方面的特殊见解；后二种，是他的史论。

王氏在哲学上，是一个唯物主义者。他认为一切事物，都是客观存在的实体。物质即存在，是精神所依存的。在他所著《周易外传》中，强调“道者器之道”，“无其器则无其道”，阐述得十分明显。他用这种观点去推论人类历史演变的过程，认为愈在远古物质条件很坏的时代，愈谈不上有什么“仁义道德”。他敢于断定唐虞三代是野蛮的，后世是文明的。而且认为越到后世，人类比以往更为文明。《读通鉴论》卷二十说过：

> 唐虞以前，无得而详考也。然衣裳未正，五品未清，婚姻未别，丧祭未修，狉狉榛榛，人之异于禽兽无几也。……三代之季，尤历历可征焉。当纣之世，朝歌之沈酗，南国之淫奔，亦孔丑矣。……春秋之世，杀君者三十三，杀父者三，卿大夫之父子相夷，兄弟相杀，姻党相灭，无国无岁而无之。蒸报无忌，黩货无厌，日盛

于朝野。……春秋之民，无异于三代之始，帝王经理之余，孔子垂训之后，民固不乏败类，而视唐虞三代帝王初兴、政教未孚之日，其愈也多矣。……唐以太宗为君，魏徵为相，聊修仁义之文，而天下已帖然受治，施及四夷，解辮归诚，不待尧、舜、汤、武也。……孰谓后世之天下，难与言仁义哉。

这是一段符合社会进化论观点的言论！他认为政治形态，也不是“今不如古”，而是逐步向前推进与提高。肯定尧、舜、禹、汤以前的政治是落后的，“武王革命”成功后的周朝封建制，比过去进了一步；秦以后的郡县制和集权于“一王”的政治，比周朝又进了一步。中国社会从商周以来，变了几次，却一次比一次好。所以《读通鉴论》卷二十又说：

古之天下，人自为君，君自为国，百里而外若异域焉。治异政，教异尚，刑异法。赋敛唯其轻重，人民唯其刑杀。好则相昵，恶则相攻。万其国者万其心，而生民之困极矣。尧、舜、禹、汤，弗能易也。至殷之末，殆穷则必变之时，而犹未可骤革于一朝。故周大封同姓而益展其疆域，割天下之半而归之姬氏之子孙，则渐有合一之势。而后世郡县一王，亦缘此以渐统一于大同。然后风教日趋于划一，而生民之困，亦以少衰。

由于王氏有了这种进化论的见解，因而对于唐宋以来的一切“复古说”，痛恶最深。他指斥韩愈是玩弄文辞的俗儒；王安石是申韩之流，根本不懂得尧、舜的治道，却要高谈尧、舜，大言不惭。对于邵雍所臆造一代不如一代的“皇、帝、王、霸”的退化论，更加以严正的驳斥。首先他揭露所谓“正统论”，乃是三国以来“窃天下”的人，为了掩盖他们的“篡夺之迹”，假托“邹衍五德之邪说与刘歆历家之绪论”捏造出来的。实际上，根本不存在什么“统”，更谈不到什么“正”。他在《读通鉴论》卷末之《叙论一》指出：

> 统之为言，合而并之之谓也，因而续之之谓也。而天下之不合与不续也多矣。……有离有绝，固无统也。而又何正不正耶？

这对那些歪曲历史事实的胡说，无异于当头一棒！自魏、晋以来一千多年争论不休的“正统”问题，至此应该可以暂告结束。像这一类的理论，都充满强烈的战斗性，不独扫清了旧史上的乌烟瘴气，同时也开拓了学者们的眼界胸襟。他因读《资治通鉴》而不遗余力。举凡历代学者所坚持的唯心论的历史观，如邹衍的“五德终始”说，董仲舒的“天人相应”说和“三统相继”说，朱熹的“三代天理、后世人欲”

说等等，都是用神秘主义的说法来解释历史现象。不是说历史是倒退的，就是说历史是循环的；不是说历史是受“上帝”或“天”的支配，就是说历史是受某种不变的绝对真理的安排。王夫之也同时给他们以有力的批判。在中国史学史上，王氏的见解，诚然是空前的。这种思想议论，竟出现在三百年前，总算是难能可贵了。

王氏把一切事物看成变化不居的，宇宙间也从来没有一成不变的东西。他从具体史实出发，对过去史家所强调的“正统论”，阐发出不少卓越的理论，并极其赞扬司马光用“资治通鉴”四字名书的寓有深意。他在《读通鉴论》卷末之《叙论四》说：

> 资治者，非知治知乱而已也，所以为力行求治之资也。……鉴者，能别人之妍媸，而整衣冠、尊瞻视者，可就正焉。顾衣冠之整，瞻视之尊，鉴岂能为功于我哉？故论鉴者，于其得也，而必推其所以得；于其失也，而必推其所以失。其得也，必思易其迹而何以亦得；其失也，必思就其偏而何以救失；乃可为治之资，而不仅如鉴之徒县于室、无与照之者也。其曰通者，何也？君道在焉，国是在焉，民情在焉，边防在焉，臣谊在焉，臣节在焉，士之行己以无辱者在焉，学之守正而不陂者在焉。虽扼穷独处而可以自淑，可以诲人，可以知道而乐，

故曰通也。

这段话的意思，是要用历史上的经验教训，作为一面镜子，来检查和督促当前的政治实践。但是他又曾经强调："善于彼者，未必善于此。"并非"立一成之型，而终古不易"。他在史论中经常谈到每一制度的运用，都应该结合它的时代条件来加以分析。认为井田、封建、学校、乡举里选、寓兵于农乃至肉刑和什一之赋等古代实行过的制度，后世"势异局迁"，不能当作死板的公式来套用。所以《读通鉴论》卷末之《叙论四》又说：

以古之制治古之天下，而未可概之今日者，君子不以立事；以今之宜治今之天下，而非可必之后日者，君子不以垂法。

这样地分析问题，确已具有一定的历史主义观点。至于他评论历史事件和人物，也都有一定的客观标准。虽所言未必尽是，但较之其他逞臆而谈的封建学者们，却大不相同。尽管王氏由于阶级属性和时代的限制，还不可能完全摆脱传统思想的束缚，存在许多缺点，但在今天，我们是不能苛求于前人的。

第十四章　史考书籍的代表作品

第一节　考证专篇或专史的书籍

封建社会的史家，除致力于史评、史辨、史论等工作外，还有史部考证之学。主要是考证史事的虚实，记载的异同；旧史中遗漏了的材料，把它补上来；旧史中错误了的记载，把它改过来。远在公元二世纪初，后汉学者张衡做太史令的时候，曾经条上《史记》《汉书》中所叙史实和其他书籍不合的十几件事（见《后汉书》本传），这便是史考的开端。到了宋代，三刘（刘敞、刘攽、刘奉世）《汉书》之学，名重一时，对颜注多所订正。刘氏既有《汉书刊误》，吴仁杰又有《两汉刊误补遗》，便成了史考的专著。至于熊方写成《补后汉书年表》十卷，则又开后人补修旧史表、志的先例。

清代学者沿着前人的道路，在这方面做了比较踏实的工作，并取得了显著成绩。即以《汉书》《后汉书》而论，《汉书》中有《古今人表》，仅是百篇中的一篇。它把汉以上的重要人物，分为九等，列成一表。究竟列在表内的每一人物，始见何书？做了些什么事？班固并没有说明。乾隆末年，梁玉绳穷搜博采，写成《人表考》九卷。《汉书·律历志》存在不少错误，王元启深入钻研，写成《汉书律历志正讹》一卷，这都是考证专篇的代表作。至于《地理志》《艺文志》两篇，清代学者加以考证，补释而写成的专著更多，不能在这里尽举了。专篇考证的另一方面，便是补志补表的工作，也以清代学者为之最勤。从《后汉书》以下诸史，差不多原来缺了的志和表，都补上来了。其中绝大部分写作，收入了《二十五史补编》，可以考见近三百年间学者们在这方面所取得的巨大成绩。

专篇考证、补辑工作的发展，不独直接对本书起了辅翼作用，也间接推动了某些专门学问的向前精进。例如有了吴卓信的《汉书地理志补注》、钱坫的《汉书地理志集释》、陈澧的《汉书地理志水道图说》、温日鉴的《魏书地形志校录》、杨守敬的《隋书地理志考证》这一类的书，便丰富了研究沿革地理学的内容。有了姚振宗的《汉书艺文志条理》《汉书艺文志拾补》《隋书经籍志考证》这一类的书，便增多了研究目录学的凭借。其他有关各种专门之学的写作，自可类推了。由此可见清代史家考证专篇的重大成就，给学术界的贡献确是不小。

至于考证专史的工作，有些对旧注所作补释、校补、集解一类的专著，已在前面有关各章分别加以介绍，不在这里再谈。现在要谈的，便在对某一部书不纠缠于校勘字句的同异，而着重考证所载事实的有无。像梁玉绳的《史记志疑》，便是这方面的代表作品。梁玉绳曾经用了二十年的时间，研究《史记》，根据经传子史群书，从事考证。凡文字的传讹、注家的附会，都一一加以订正。对于司马迁以前的历史事迹和人物，做了一次大的全面清理。这书除考证外，也还有辨证伪事的重要内容，使学者们可从其中得到鉴别史料的方法，是一部比较出色的考证专史的书。独清末李慈铭《越缦堂日记》（同治八年七月十一日日记），批评它道：

考订训诂，固多可取。而颇多锢于学究识见，强解三代以上之事。最谬者，辨禹无葬会稽事一条，尽翻《国语》《管子》《墨子》《吴越春秋》《越绝书》《水经注》及本书之说，而独据《论衡》之颇辞，杜注《左传》涂山之孤解，谓禹时会稽在荒外，何由巡狩至此？又据《路史》言涂山亦有会稽之名，而并欲移会稽于濠州，且力辨舜葬苍梧之诬。岂知古圣王勤民忧物，不遗遐远，桐棺薄葬，随地而安，不必如后世营卜山陵，重烦人力。《国语》《管》《墨》，皆出周时，三代所传，章章如是。……王仲任，汉之陋儒，所言多诞。罗长源所述，尤无稽。曜北信所不当信，又杂引唐人柳宗元、郑鲂之说，以尽黜载籍征信之言，是以沟犹瞀儒，不出方隅之见，而妄测古人，何其舛也！

李氏这段话，是十足的封建士大夫食古不化之言。由于泥古太深，遇到敢于怀疑、大胆提出创解的议论，便认为是诞妄不经，当然不能识得辨证伪事的重要性和必要性。梁氏考证所得的每一结论是否精确，那是另一问题。至于他读书稽古，勤于考索，不轻盲从的精神，诚然是值得重视的。

第二节　考证全史的书籍

清代乾嘉学者中的绝大部分，把心思才力都集中用在钻研经学、小学的工作中去了，留意阅读历史书籍的已经不多。有如江藩《汉学师承记》所说：“自惠、戴之学，盛行于世，天下学者，但治古经，略涉三史；三史以下，茫然不知，得谓之通儒乎？”又说：“近时学者，喜讲六书，孜孜于一字一音。苟问以三代制度，五礼大端，则茫然矣。至于潜心读史之人，更不能多得也。”（见《汉学师承记》卷三、卷七）这就正确地反映了乾嘉学者们治学的真实情况！那么，当时学者中有较大魄力能用较长岁月对全史进行研究的，更是稀少。

我们今天根据传世的著述来看，只有钱大昕、王鸣盛、赵翼三家，对全史是用了一番功夫的。王氏在所著《十七史商榷》自序中，有这样一段话：

大抵史家所记典制，有得有失，读史者不必横生意见，驰骋议论，以明法戒也。但当考其典制之实，俾数千百年建置沿革，了如指掌，而或宜法，或宜戒，待人之自择焉可矣。其事迹则有美有恶，读史者亦不必强立文法，擅加与夺，以为褒贬也。但当考其事迹之实，俾年经事纬，部居州次，纪载之异同，见闻之离合，一一条析无疑，而若者可褒，若者可贬，听诸天下之公论焉可矣。……读史之法，与读经小异而大同。何以言之？经以明道，而求道者不必空执义理以求之也。但当正文字，辨音读，释训诂，通传注，则义理自见，而道在其中矣。……读史者不必以议论求法戒，而但当考其典制之实；不必以褒贬为与夺，而但当考其事迹之实；亦犹是也。故曰同也。若夫异者则有矣，治经断不敢驳经，而史则虽子长、孟坚，苟有所失，无妨箴而砭之，此其异也。抑治经岂特不敢驳经而已，经文艰奥难通，若于古传注，凭己意择取融贯，犹未免于僭越，但当墨守汉人家法，定从一师而不敢他徙。至于史，则于正文有失，尚加箴砭，何论裴骃、颜师古一辈乎？其当择善而从，无庸偏徇，固不待言矣。故曰异也。要之，二者虽有小异，而总归于务求切实之意，则一也。

这段议论，不独说明了王氏治史的方法，也反映了当时史家考证一派的总精神。王氏既用这一方法去读全史，考证所得，分条录下，时间久了，写的东西便已积得很多。于是别抄成编，计《史记》六卷，《汉书》二十二卷，《后汉书》十卷，《三国志》四卷，《晋书》十卷，《南史》合《宋书》《齐书》《梁书》《陈书》十二卷，《北史》合《魏书》《北齐书》《周书》《隋书》四卷，《新唐书》《旧唐书》二十四卷，《新五代史》《旧五代史》六卷，末附《缀言》(《论旧史义例》）二卷，共一百卷。其中牵涉到了《旧唐书》和《旧五代史》，本是“十七史”中所没有的。王氏为着沿用宋人“十七史”的旧称，也就因而不改。

王鸣盛和钱大昕，都是嘉定人，并且是同年进士，大昕又是鸣盛的妹夫，二人交情很深，讨论切磋也最密。但王氏的学问，却赶不上钱氏的精博。钱氏从事学术研究的方面很宽，对于文字、音韵、天文、算法、舆地、金石、氏族、典章，都有精湛的造诣。著书三十余种，合三百余卷。他考证全史的心得，大部分保存在《廿二史考异》，也多至百卷。王引之亟叹此书“正传闻之误，订字句之舛，于辽、金、元史梳栉益详。是书出，而后二千余年之史可读也”，又称钱氏“发明史学，自宋以来莫与为比”（均见王氏所撰《钱先生神道碑铭》）。这却不是过情之誉！钱氏著述如《潜研堂文集》《十驾斋养新录》诸书，都保存不少史学论文和条记，与《廿二史考异》相表里。学者必兼览并观，才能了解他在史学研究中所取得的总成绩。

赵翼是阳湖人，与王、钱同时。当他纂录读史所得，写成《廿二史札记》三十六卷后，钱大昕曾替这书作了一篇序，叹服之。甚至说他“记诵之博，义例之精，论议之和平，识见之宏远，洵儒者有体有用之学”。可知这书在当时学术界，评价是比较高的。其中内容，实已遍及二十四史，但他将《新唐书》《旧唐书》和《新五代史》《旧五代史》，只看成反映两个时期史实的写作，没有把新旧二编分开，所以仍称“廿二史”。赵氏治史，喜用归纳法为综合的研究。此书每立一题，前后贯串，有条不紊，是它的优点。赵氏尚有《陔余丛考》，与《札记》相表里，学者可参考。大抵钱氏《考异》，以校释见长；赵氏《札记》，则排比功多；王氏《商榷》，介乎二者之间。这便是三家著述不同之点，却可相互为用。

附录　常用书、参考书和工具书简目

第一类　史部以内的常用书

（甲）全史

《二十四史》 武英殿附考证本。五局合刻本。同文书局影印殿本。涵芬楼影印本。竹简斋本。

近年由中华书局出版的标点本《二十四史》，尤便学者。

《百衲本二十四史》 商务印书馆影印。

此系影印宋元旧椠，与今日坊间通行之本大有不同，是《廿四史》最标准的本子，可备校勘。

《新元史》 近人柯绍忞著。1930年重订本。开明书店影印本。

《二十五史》 开明书店缩印本。

字迹太小，可备翻检，不利阅读，且时有脱误。

《清史稿》 排印本。联合书店缩印本。

联合书店缩印本，时有脱误。

《廿二史札记》 清赵翼著。通行本。

《廿二史考异》 清钱大昕著。潜研堂本。近年新印本。

《十七史商榷》 清王鸣盛著。广雅书局本。通行本。

清儒校理全史，以此三家用力最勤，赵书综合排比之功甚大，甚有裨于初学。

《校史随笔》二册 近人张元济著。1938年商务印书馆排印本。

此书录出《二十四史》今本与旧椠异同、文字脱误的显明例子，可供参考。

《二十五史补编》 开明书店编印。1955年2月中华书局重印本。

收辑补表补志之作甚多，考史者所必备。

《史讳举例》 今人陈垣著。科学出版社出版。

（乙）《通鉴》《通考》《纪事本末》

《资治通鉴》 石印胡本。涵芬楼排印本。世界书局缩印本。近年标点本。

《续资治通鉴》 石印本。世界书局本。近年标点本。

《明纪》 苏州局本。世界书局缩印本。

读《通鉴》及《明纪》时，可参考各种《纪事本末》。

九种《纪事本末》——《左传纪事本末》《通鉴纪事本末》《辽史纪事本末》《金史纪事本末》《西夏纪事本末》《宋史纪事本末》《元史纪事本末》《明史纪事本末》《三藩纪事本末》 清末上海排印本。商务印书馆国学基本丛书本。

四种《通考》——《文献通考》《续文献通考》《清文献通考》《清续文献通考》 商务印《十通》本。

（丙）学术、文化

《宏明集》 梁释僧祐编。《四部丛刊》本。

《广宏明集》 唐释道宣编。《四部丛刊》本。

二书虽由沙门纂辑历代佛教论文而成，实是考明禅学源流的重要资料。自东汉以至唐初阐明佛法的文字，采录最广，保存不少唐以前遗文，有资考证。

《汉魏两晋南北朝佛教史》 今人汤用彤著。中华书局出版。

《中国佛教史籍概论》 今人陈垣著。科学出版社出版。

《四朝学案》——《宋元学案》《明儒学案》《清学案小识》 商务本，世界书局本。

《清代学术概论》 近人梁启超著。1954年中华书局重印本。

《中国近三百年学术史》 梁启超著。中华书局印本。

清代学者治学精谨，成就巨大，二书实总结之。

《中国文化史》 近人柳诒徵著。钟山书局出版。

《中国文化史》 今人陈登原著。世界书局出版。

二书材料丰富，可供参考，应用新观点批判其思想议论。

（丁）史评

《史通通释》 唐刘知几著，清浦起龙释。通行本。

《滹南遗老集》 金王若虚著。《四部丛刊》本。

《通志总序》 宋郑樵著。今人张须为之作笺。商务本。

《文史通义》 清章学诚著。通行本。

《中国历史研究法》 近人梁启超著。商务印书馆本。

《中国历史研究法补编》 梁启超著。商务印书馆本。

《方志学》 今人李泰棻著。商务印书馆本。

《方志今议》 今人黎锦熙著。1940年商务印书馆出版。

（戊）近人整理成编的通史

《先秦史》《秦汉史》《两晋南北朝史》《隋唐五代史》 今人吕思勉著。前三种为开明书店本，后一种为中华书局本。

《中华二千年史》 今人邓之诚著。1954年重印本。

《中国通史纲要》 今人缪凤林著。钟山书局出版。

《中国通史要略》 缪凤林著。商务印书馆本。

此数家书，虽系早年编写，然材料丰富，可备参考。

《中国古代社会研究》 今人郭沫若著。人民出版社出版。

《奴隶制时代》 郭沫若著。人民出版社出版。

《青铜时代》 郭沫若著。人民出版社出版。

《中国史稿》 郭沫若主编。人民出版社出版。

《中国通史简编》 今人范文澜著。人民出版社出版。

第二类　史部以外的参考书

（甲）群经、诸子、文、诗

此类书以买合刻本为原则，得一书而十数种书皆备。如为利于携带和翻检计，又以得石印本缩印本为最便，初学求书，不以精本稀见本为尚。如无合刻本或缩印本者，此处则举列木刻单行本；凡已在前各章举出版本者，此处概从略。

《十三经注疏》 通行石印本。世界书局缩印精装本。

《周易正义》十卷　魏王弼、晋韩康伯注，唐孔颖达等正义。

《尚书正义》二十卷　汉孔安国传（伪），唐孔颖达等正义。

《毛诗正义》七十卷　汉毛亨传，郑玄笺，唐孔颖达等正义。

《周礼注疏》四十二卷　汉郑玄注，唐贾公彦疏。

《仪礼注疏》五十卷　汉郑玄注，唐贾公彦疏。

《礼记正义》六十三卷　汉郑玄注，唐孔颖达等正义。

《春秋左传正义》六十卷　晋杜预集解，唐孔颖达等正义。

《春秋公羊传注疏》二十八卷　汉何休解诂，唐徐彦疏。

《春秋穀梁传注疏》二十卷　晋范宁集解，唐杨士勋疏。

《论语注疏》二十卷　魏何晏集解，宋邢昺疏。

《孝经注疏》九卷　唐玄宗注，宋邢昺疏。

《尔雅注疏》十卷　晋郭璞注，宋邢昺疏。

《孟子注疏》十四卷　汉赵岐注，宋孙奭疏。

《十三经注疏》共四百一十六卷，为考证古代名物制度的重要资料，其中“三礼”、《毛诗》最要。

《清经解》 清阮元编。通行石印本。

《清经解续编》 清王先谦编。通行石印本。

清代考证家解经之书，考核礼制为最精，用力最勤，方法亦最密，治古代史者，必珍重此种成果而利用之。阮氏所编经解，凡一百八十种，王氏续编，凡二百零九种，收罗丰富，可供参考的材料极多。木刻大本卷帙浩繁，嫌其笨重，得石印本，足备检寻。

《诸子集成》 世界书局编印。

《论语》 采用刘宝楠《论语正义》。

《孟子》 采用焦循《孟子正义》。

《荀子》 采用王先谦《荀子集解》。

《老子》 采用魏源《老子本义》，王弼《老子注》。

《庄子》 采用王先谦《庄子集解》，郭庆藩《庄子集释》。

《列子》 采用张湛《列子注》。

《墨子》 采用孙诒让《墨子间诂》。

《晏子》 采用张纯一《晏子春秋校注》。

《尹文子》 采用钱熙祚校本。

《管子》 采用梁启超《管子评传》，戴望《管子校正》。

《商君书》 采用麦孟华《商君评传》，严可均《校商君书》。

《慎子》 采用钱熙祚校本。

《韩非子》 采用王先慎《韩非子集解》。

《孙子》 采用《孙子十家注》。

《吴子》 采用通行本。

《吕氏春秋》 采用高诱注。

以上十六种，为周秦诸子。

《新语》 汉陆贾作。

《淮南子》 汉刘安作。

《盐铁论》 汉桓宽作。

《法言》 汉扬雄作。

《论衡》 汉王充作。

《申鉴》 汉荀悦作。

《潜夫论》 汉王符作。

《抱朴子》 晋葛洪作。

《世说新语》 宋刘义庆作。

《颜氏家训》 北齐颜之推作。

以上十种，为汉魏六朝子书。

旧日坊间合刻诸子，如《十子全书》《二十二子》之类，流布甚广，非不可用。此编后出，收书至二十六种，于周秦诸子，采用清儒校本注本尤多，较过去坊刻诸书均胜。

《全上古三代秦汉三国六朝文》 清严可均编。黄岗王氏刻本。近人丁福保有缩印本。中华书局新印本。

此书为唐以前文辞之总汇，实可作类书读，保存了不少史料。丁氏缩印本甚便。

《全三国晋南北朝诗》 近人丁福保编，医学书局排印。中华书局新印本。

唐以前诗，悉荟萃于斯编，便于治史者所取资。

《乐府诗集》 宋郭茂倩纂，《四部丛刊》《四部备要》均收入。

《古谣谚》 清杜文澜辑，曼陀罗华阁刊本，凡一百卷。近年有新印本。

此二书中，保存了不少古代人民的歌谣。

《杜工部集》 唐杜甫。通行本。

《元氏长庆集》 唐元稹。通行本。

《白氏长庆集》 唐白居易。通行本。今人陈寅恪有《元白诗笺证稿》(文学古籍刊行社 1955 年 9 月版）考核极精，可参考。

以上诸家诗，俱可考史，与一般吟咏风月者不同。

《明经世文编》 明陈子龙编。明刻本。

此书凡五百四卷，在清代为禁书，故传本甚稀，近年已由中华书局影印出版。治明史者，必须参考。

《清经世文编》 清贺长龄编。通行本。

除此书外，葛士濬有续编，陈忠倚有三编，并可参考。

（乙）笔记

唐宋以下说部之书，至为繁杂，现在选择几部从宋代以来有关考证的笔记，胪列如下：

《梦溪笔谈》 宋沈括。《四部丛刊续编》本。

《容斋五笔》 宋洪迈。《四部丛刊续编》本。又通行本。

《困学纪闻》 宋王应麟。《四部丛刊续编》本。又通行本。

《丹铅录》 明杨慎。通行本。

《笔乘》 明焦竑。粤雅堂丛书本。

《少室山房笔丛》 明胡应麟。广雅书局本。

《广阳杂记》 清初刘献廷。《丛书集成》本。

《日知录》 清初顾炎武。通行本。

《十驾斋养新录》 清钱大昕。通行本。

《癸巳类稿》《癸巳存稿》 清俞正燮。通行本。

其中多有关杂事杂物之考证。

《陔余丛考》 清赵翼。通行本。

是书凡四十三卷。第五卷至十八卷，考证史书同异及历代掌故，可补《廿二史札记》之所未备，此二书宜彼此参看。此外涉及甚广，阅之足以博闻。

《信摭》《乙卯札记》《丙辰札记》《知非日札》《阅书随札》 清章学诚。章氏遗书本。

此虽章氏随手笔录之书，然其内容实与《文史通义》相表里。

《东塾读书记》 清陈澧。通行本。

《无邪堂答问》 清朱一新。广雅书局本。

清末学者，以陈朱二氏持论最通，陈氏深于经学，朱氏尤长于史。

(丙)科学书籍

《畴人传》 清阮元著。商务印书馆国学基本丛书本。

此书可作中国科学家传记读，而尤详于天文算学方面的发明。尚有罗士琳之《续编》，诸可宝之《三编》，华世芳之《近代畴人著述记》，均附刊在后，甚便检阅。

《考工记图》 清戴震著。《清经解》本。

《考工创物小记》 清程瑶田著。《安徽丛书通艺录》内有全本。《清经解》本不全。

《考工记》一篇，是汉以前学者总结我国古代各项手工业成就的详细记录，也就是我国最早的科学记录，今保存在《周礼》中。清代学者研究它的很多，而以戴、程两家为最专最精，学者可参考。

《营造法式》 宋李诫著。1954年12月商务印书馆重印。

此为我国古代建筑学专著，实总结宋以前“工作相传、经久可用之法”，书中所绘图样，至为精美。可以考见十一世纪以前我国劳动人民在建筑上的伟大成就。

《天工开物》 明末宋应星著。1954年商务印书馆重印。

是书共分三卷十八篇，包括农业工业的各方面，如饮食、衣服、用具、舟车、机械、冶金、陶瓷、纸墨、制糖、酿酒、染色、燃料、兵器、药物、盐矾、丹青、珠玉、矿石等生产原料和生产方法，都有详密的记述和分析，更附列绘图，可以帮助读者理解生产过程中的一切情状。

《齐民要术》 后魏贾思勰著。《万有文库》本。

是书总结了五世纪以前我们祖先在农业上所取得的各种经验。全书十卷，除大部分谈种植外，兼及酿酒、造曲、制酱、做饼、饲养家畜诸法，可从其中考见古代生活情形及经济状况。

《农政全书》 明徐光启著。通行本。

此书抄辑古书材料至为丰富，但有征引而无论断，对问题本身多未能切实解决，可作类书看。

《授时通考》 清乾隆二年敕修，殿本。南昌局本。

是书虽系官修，然搜辑历代农书略备，分为天时、土宜、谷种、功作、劝课、蓄聚、农余、蚕桑等八门，且绘有图样，一目了然，实农书中集大成的作品。

《本草纲目》 明李时珍著。1954年商务印书馆重印。

《本草纲目拾遗》 清赵学敏著。版本同上。

李氏《本草纲目》五十二卷，记植物一千一百九十五种，动物三百四十种，矿石三百五十七种，参考群书至七百余部，实集历代本草之大成。书中分析每一物的形态、习性、用途、产地，至为详尽，具有高度的科学性和系统性，不独是中国药物学的专著，也可算为博物大辞典。

关于阐述我国古代科学发明的写作，以近人所作为佳，各种专科性杂志、学报上所发表文字，尤宜注意。

（丁）类书

类书中保存古代遗文不少，可供校勘辑佚之用。唐宋以来，比较重要的类书，不过数部。

《北堂书钞》 唐虞世南编。南海孔氏校刊本。

《艺文类聚》 唐欧阳询编。成都刻大字本。《四部丛刊续编》本。

《初学记》 唐徐坚编。古香斋袖珍本。

《太平广记》 宋李昉等编。通行本。

是书五百卷，所引皆汉以来稗史传记小说之属，多唐以前逸书，可资考证者极多。

《太平御览》 宋李昉等编。《四部丛刊续编》影印宋刊本最善。

是书凡一千卷，引书至二千八百余种，故为类书之冠。

《册府元龟》 宋王钦若等编。中华书局影印明刊本。此书所引史料，可据以订正今本正史之讹脱。

《古今图书集成》 清康熙时敕修。中华书局缩印本。

此书多至万卷，为清代官修类书中最巨大者，分为历象、方舆、明伦、博物、理学、经济六汇编。每汇编中，又分为典，全书共三十二典。每典中，又各分部，全书共一千六百有九部。每部中有汇考、总论、图表、列传、艺文等类目。经济汇编中为选举、铨衡、食物、礼仪、乐律、戎政、祥刑、考工等八典，俱与史学有关。其次如理学汇编中的经籍典，博物汇编中的艺术典，方舆汇编中的职方典、边裔典，亦有涉于考史，可备检查。但其中谬误甚多，取用时不可不复勘原书。

第三类　工具书

（甲）字书、辞典

《新字典》 近人陆尔奎等编。1912 年商务印书馆出版。有缩印本。1948 年，缩印至三十四版。

《中华大字典》 近人徐元诰等编。1915 年中华书局出版。后又发行缩印本。

《实用大字典》 近人杨誉龙等编。1918 年中华书局出版。

从前一般知识分子，大半采用《康熙字典》为检字之需，然其书讹谬百出，昔人多已言之。商务印书馆出版的《新字典》，即改订其书而作。解释浅显，音读明晰。《中华大字典》收字最备，每字分条列义，条理至清。凡遇难懂的名物，附绘图样，尤便学者。《实用大字典》，便是在此书基础上，择取常见之字，加以诠释而成。在新编《汉语大字典》尚未出版前，今日检字，仍以此数种为较适用。

《经籍籑诂》 清阮元等编。扬州原刻本。石印小本。世界书局缩印精装本。

下笔为文，宜用今字今义；阅读旧书，宜识古字古义。是书荟萃古义，蔚为大观，凡群经子史旧诂，悉载兹编。原书依《佩文韵府》按韵列字，凡一百六卷。初学不识韵部，难于检寻。世界书局缩印本，附刊索引于卷首，依笔画多少，明注页数，至便学者。

《说文通训定声》 清朱骏声著。原刻本。石印本。世界书局缩印本。

《说文》是古代字典。朱氏此书，尤致详于文字运用之际的变化。对假借引申之义，疏证尤明。末附《说雅》一卷，将《说文》九千余字，用《尔雅》分类法改编，更给考证古代礼制名物带来极大方便。

《古籀汇编》 今人徐文镜编。1934年商务印书馆石印。

是书以《说文》为主，而附列《钟鼎字源》《说文古籀补》《说文古籀补补》《金文编》《古玺文字征》《殷虚文字类编》诸书文字于下。初学辨认铜器甲骨文字，可以是书为津逮。

《辞海》（新编） 辞海编辑委员会编。1979年中华书局出版。精装三册。

此编运用新观点改造旧《辞海》，添入新内容，资料丰富，胜于旧编远甚。大抵此类工具书，以后出者为佳。在新编《汉语大词典》尚未出版前，仍以是书为最适用。

《中国人名大辞典》 近人臧励和等编。商务印书馆出版。

《中国古今地名大辞典》 近人臧励和等编。商务印书馆出版。

《佛学大辞典》 近人丁福保编。医学书局出版。

此类辞典，在新编未出以前，旧编仍可利用。

（乙）图表、索引

《中国历史地图集》 今人顾颉刚、章巽编。1955年地图出版社出版。

以前如欧阳缨的《中国历代疆域战争合图》、苏甲荣的《中国地理沿革图》，有时还可参考。

《中华人民共和国分省地图集》 地图出版社编制。1974年出版。

历史研究工作者，知古知今，不容偏废。既宜知地理沿革，也应懂得今属何地。所以新出的地图集，必须常翻。此集每省之后，附有详细说明，对情况介绍很清楚，尤便初学。

《中国历史纪年表》 今人万国鼎编。商务印书馆出版。

《中外历史年表》 今人齐思和等编。1961年中华书局出版。

《历代年号通检》 近人范迪瑞纂。齐鲁大学国学研究所出版。

《历代人物年里碑传综表》 今人姜亮夫纂。1959年中华书局出版。

《廿四史传目引得》 近人梁启雄编。中华书局出版。

《二十五史人名索引》 开明书店编印。

昔人检寻史传人名，率用汪辉祖《史姓韵编》。有此二书，足以代之。

《中国史学论文索引》 中国科学院历史研究所、北京大学历史系合编。1957年科学出版社印。

此书搜集了一千三百多种定期刊物，分为上下二编，共十七大类。

《食货志十五种综合引得》 引得编纂处编。中华书局新印本。

《艺文志》二十种综合引得 同上。

《中国丛书综录》 上海图书馆编。中华书局1959至1962年出版。

此编所收丛书，凡二七九七种，分编三册，第一册是总目分类目录；第二册是子目分类日录；第三册是子目书名索引，子目著者索引。

《清代文集篇目分类索引》 北平图书馆索引组编。北京大学出版组印。中华书局有新印本。

清代学者，虽以经学小学最为专精，然辨析名物，考证礼制，悉与治史有关，其论说散在诸家文集，不易寻检。有此一编，便可按图索骥。

（丙）书目

《汉书·艺文志》

由此可以考镜一切学术根源，必须细读。清末姚振宗有《汉书艺文志条理》，最详博，可参考。

《隋书·经籍志》

唐以前书籍，悉可于此窥见大凡。姚振宗有《隋书经籍志考证》，甚精核，与《汉书艺文志条理》合刻在师石山房丛书中。初由浙江图书馆刊行，后又有开明书店缩印精装本。

《文献通考·经籍考》

凡晁氏《郡斋读书志》、陈氏《直斋书录解题》，以及元代以前其他书目，本书大抵采录无遗；且博搜通人考证之语，分载其下，阅之足以广人意智。

《四库全书总目提要》 通行本。

是编二百卷，为研究祖国旧有书籍的门径，必逐篇细阅，初不限于史部。近年商务印书馆排印本，已加句读，便于初学。

以上四种，为辨章学术、考镜源流之用。

《书目答问》 清末张之洞述。通行本。

此书写成于光绪元年（公元 1875 年），虽去今已一百多年，然大体不误，足以启诱初学。近人范希曾有《书目答问补正》，可采用，江苏国学图书馆本。

《四部丛刊书录》 近人孙毓修述。商务印书馆排印本。

《四部备要书目提要》 中华书局编印。

近数十年来，坊间汇刻的丛书，以此两书为最大而最适用，各有目录解题，提挈纲要，至便学者。

《丛书集成初编目录》 商务印书馆编印。

商务印书馆往年拟印丛书集成，收丛书已至百部。全书虽未印完，而所编目录，分类至细，学者亦由此可得找书门径。

《金石书录目》 今人容媛编。商务印书馆出版。

《五十年甲骨学论著目》 今人胡厚宣编。中华书局出版。

以上两书可备检寻有关金石甲骨的专著和论文之用。

《中国地方志综录》 今人朱士嘉编。商务印书馆出版。

（丁）辨伪之书

《古籍考辨丛刊》 今人顾颉刚主编。1955 年中华书局出版。

是书收集了我国前代学者辨伪的重要论著甚多，编加标点，极便阅览。

《伪书通考》 今人张心澄编。1954 年中华书局重印本。

此书辨及之古籍，在千种以上。备载古今考证之语，可备参稽。